KB018071

교실에서
세계 시민
되기

SDGs 테마 수업 워크북

교실에서 세계시민 되기

유네스코 아시아태평양 국제이해교육원 기획
강혜미 박민수 백수진 양철진 이예지 이지홍 정현미 홍연진 지음

창비교육

교실, 세계 시민으로 성장하는 공간

『교실에서 세계 시민 되기』는 교실이 세계 시민으로 성장하는 공간이 되기를 바라는 희망을 담고 있습니다. 학교 교실은 물론이고 배움이 일어나는 곳이라면 그 어디라도 세계 시민을 키워 내는 교실이 되기를 바라는 희망입니다. 얼굴을 직접 바라보며 눈을 마주치는 교실이든, 화면으로 눈길이 오가고 이야기를 주고받는 온라인 공간이든, 세계 시민으로 성장하는 공간이 많아진다면 얼마나 좋을까요.

교실은 어떤 곳인가요? 단순히 지식을 얻는 곳만은 아닐 겁니다. 선생님이나 친구들과 관계를 맺고 함께 배우고 고민하며 소통하는 즐거움을 나누는 곳이면서, 동시에 서로 다른 생각이 부딪쳐 때로는 크고 작은 갈등이 일어나고, 그런 갈등을 해결하는 방법을 몸과 마음으로 깨우쳐 가는 곳입니다. 그렇기 때문에 교실이야말로 세계 시민은 누구인지, 세계 시민으로서 사고하고 행동하려면 어떻게 해야 하는지 함께 배우고 실천하며 세계 시민으로 성장할 수 있게 돕는 가장 훌륭한 공간일 것입니다.

세계 시민에 관해 배우고 토론하고 실천하는 주제와 방법은 다양하겠습니다만, 국제 사회가 이 세상 모든 이들의 더 나은 삶과 지구 생태계 보전을 위해 2030년까지 달성하기로 약속한 지속가능발전목표(Sustainable Development Goals, SDGs)에 초점을 맞추는 것이 우선이 되면 좋겠습니다.

이 책은 17개 지속가능발전목표에 관한 설명과 활동으로 구성되어 있습니다. 이 목표들이 너무 어렵거나 멀게 느껴지지 않도록 학생들의 삶과 연결된 이야기로 접근할 수 있게 했습니다. 학교 현장에서 세계시민교육에 대해 치열하게 고민하고 실천해 온 연구 공동체 '느루' 선생님들의 폭넓은 경험이 있었기에 가능한 방식이었습니다. 느루의 모든 선생님께 감사를 전합니다.

많은 선생님과 학생 여러분께서 '교실'이라는 특별한 공간에서 함께 배우고 대화 나누며 세계 시민으로 성장하는 데 이 책이 도움이 되기를 바랍니다. 나아가 교실과 교실 밖 세상에서 세계 시민으로 성장해, 참여하고 활동할 수 있기를 응원하고 기대합니다.

유네스코 아시아태평양 국제이해교육원장 임현묵

세계 시민을 실천하는 교실을 기대하며

'느루'는 세계시민교육을 고민하고 연구하는 교사들이 자발적으로 만든 작은 모임입니다. 지난 5년 동안 '느루'는 세계시민교육을 주제로 이야기 나누는 즐거움을 알게 되었고 이러한 즐거움이 콘텐츠 개발로 이어지는 성취를 경험한 바 있습니다. '느루'의 두 번째 출판물인 이 책은 세계시민교육에 대한 '느루'의 아이디어가 미력하나마 의미 있는 콘텐츠로 구현될 수 있다는 가능성을 거듭 확인하려는 새로운 도전의 산물입니다.

워크북을 개발하는 과정에서 도전에 직면했던 부분은 지속가능발전목표를 세계 시민의 관점에서 보다 포괄적으로 이해하고 실제 수업에 적용할 수 있는 방법을 찾는 것이었습니다. 이는 학습자가 단순히 지속가능발전목표의 개별 내용을 아는 데 그치지 않고, 세계시민교육이 지향하는 가치와 연결하여 더 깊이 이해하고 실천에 옮기도록 하기 위해서입니다.

이를 위해서 초등과 중등 수업에서 각각 활용할 수 있는 콘텐츠가 필요함을 절감하고 본 워크북을 개발하게 되었습니다. 아울러 이전의 워크북에서 언급하지 않았던 생소한 글로벌 이슈를 제기하기도 했고, 시의성 있는 주제를 다루기 위해 다양한 자료를 검토하여 공신력 있는 기관의 최신 자료와 통계 지도 등을 수록했습니다. 무엇보다도 이 책에서는 변혁적 교수법을 바탕으로 지속가능발전목표를 17개의 수업 테마로 상정하고, 다양한 아이디어를 수업 활동으로 제시하여 학생들이 참여하는 과정에서 스스로 변혁적 역량에 관심을 두도록 구성했습니다.

늘 그렇듯 아이디어를 구체화하는 과정에서 어려움이 있었습니다. 이 책에는 시행착오를 거듭하며 얻은 경험의 소중함과 연대 의식을 공유한 많은 분의 노고가 담겨 있습니다. 계속된 도전 과제 속에서도 확신을 갖고 한 팀이 되어 준 집필진, 지난한 과정임을 알면서도 사명감으로 도움과 협력을 아끼지 않은 유네스코 아시아태평양 국제이해교육원 관계자들, 출판의 취지에 공감하고 숱한 고민을 삭인 창비교육에 존경의 뜻을 표합니다. 더디지만 계속해서 세계시민교육을 고민하겠다는 '느루'의 가치와 철학을 공감해 주시는 모든 분께도 진심 어린 감사의 마음을 전합니다.

세계시민교육 연구 개발 공동체 '느루' 대표 교사 양철진

SDGs가 뭐예요?

SDGs 또는 지속가능발전목표라는 말을 들어 본 적 있나요? SDGs는 'Sustainable Development Goals'를 줄인 말로 '지속가능발전목표'라는 한글 용어와 함께 자주 사용됩니다. 아마 이 용어는 책이나 영상 등을 통해 한두 번 들어 봤을 거예요. 용어가 어렵다고 느낄 수도 있을 텐데요. 조금 쉽게 설명하면, 전 세계 국가들이 모여서 함께 달성해 나갈 목표를 설정했는데 그 목표를 통해 지속 가능한 발전을 추구한다는 것입니다. 무작정 앞만 보고 달려 나가는 식의 발전이 아닌, 현재와 미래를 살펴보며 지금 우리가 추구하는 발전이 다음 세대에도 도움이 되고 우리 삶의 터전인 지구 생태계를 건강하게 유지할 방향성이 있는 발전 말이지요.

배경을 조금 더 설명하자면, 지난 2015년 유엔 총회에서 전 세계 유엔 회원국이 모여 2030년까지 세계가 나아가야 할 방향성을 담은 '2030 지속가능발전 의제(Transforming Our World: The 2030 Agenda for Sustainable Development)'를 채택했습니다. 여기에 2030년까지 모든 국가가 힘을 합쳐 달성할 '지속가능발전목표'가 담겨 있어요. 표에서 보듯 지속가능발전목표는 17개의 목표로 이루어져 있고, 이 17개의 목표 아래에는 169개의 세부 목표가 있습니다.

17개의 지속가능발전목표가 무엇인지 아는 것도 중요하지만, 이 목표가 어떤 지향점으로 만들어졌는지 이해하는 것도 중요합니다. 지속가능발전목표라는 이름에서도 알 수 있듯이 이 목표들은 '포용적 경제 성장', '평화롭고 정의로운 사회' 그리고 '지구 생태계 보전'이라는 중요한 세 지향점이 있습니다. 또한 이 17개의 목표는 관계없는 별개의 목표들이 그냥 모인 것이 아니라 '누구도 뒤처지지 않게 하기(leaving no one behind)'라는 목적으로 서로 밀접하게 연결되어 있습니다.

17개나 되는 목표가 좀 많게 느껴지고 어떤 것이 있는지 파악하기 어려운가요? 그렇다면 이렇게 한번 살펴볼까요?

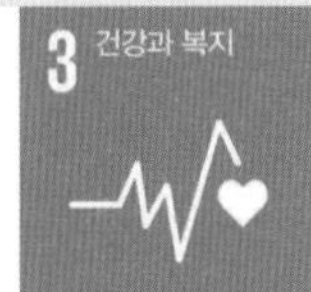

사람(People) 영역의 목표들은 모든 사람들이 빈곤과 기아 없이 건강하게 잠재력을 실현할 것을 추구합니다.

지구(Planet) 영역의 목표들은 우리의 행동을 변화시켜 기후 변화와 환경 오염을 멈추고 깨끗하고 지속 가능한 지구를 만들고자 하는 약속입니다.

번영(Prosperity) 영역의 목표들은 지속 가능하고 평등한 사회 환경 속에서 양질의 일자리로 포용적인 경제 성장을 이루어 나가는 것을 목표로 합니다.

평화(Peace)

영역의 목표는 정의롭고 평화로운 사회를 만들기 위한 궁극적 목표를 의미합니다.

파트너십(Partnership)

영역의 목표는 이 모든 목표를 달성하기 위해서는 우리 모두의 협력이 필수적이라는 것을 강조합니다.

이 17개의 목표는 사람(People), 지구(Planet), 번영(Prosperity), 평화(Peace) 그리고 파트너십(Partnership)의 5개 영역으로 분류됩니다. 다섯 영역의 공통 알파벳을 가져와 '5P'라고 부르기도 합니다.

지속가능발전목표는 경제, 정치, 문화, 환경, 기후, 언어 등이 다른 전 세계의 국가들이 한자리에 모여 힘을 합치기로 약속한 중요한 목표인 만큼 세계 시민인 우리 모두의 참여와 실천이 꼭 필요합니다.

이 책에서는 이 17가지의 목표를 조금 더 알기 쉽게 우리와 이웃들의 이야기를 통해서, 또 일상생활에서 실천할 수 있는 약속을 중심으로 소개합니다. 어떻게 하면 우리가 사는 지구를 더 좋은 곳으로 만들지, 다 함께 더 잘 살 수 있는 곳으로 만들 수 있을지, 우리는 어떤 역할을 해야할지 생각하며 읽어 보세요. 그리고 작은 것부터 하나씩 실천하고 참여해 보세요.

우리 모두의 지속 가능한 발전, 세계 시민인 우리가 함께 만들어요!

차례

들어가는 말 4
SDGs가 뭐예요? 8

SDGs 01 빈곤 종식 14
SDGs 02 기아 해결 28
SDGs 03 건강과 복지 40
SDGs 04 양질의 교육 52
SDGs 05 성평등 62
SDGs 06 깨끗한 물과 위생 76
SDGs 07 지속 가능한 청정 에너지 90

SDGs 08 좋은 일자리와 경제 성장 102

SDGs 09 산업, 혁신과 사회 기반 시설 116

SDGs 10 불평등 감소 128

SDGs 11 지속 가능한 도시와 공동체 138

SDGs 12 지속 가능한 소비 – 생산 148

SDGs 13 기후 변화 대응 160

SDGs 14 해양 생태계 172

SDGs 15 육상 생태계 182

SDGs 16 평화, 정의 강력한 제도 194

SDGs 17 글로벌 파트너십 206

부록 216

참고 자료 및 출처 218

활동지

SDGs 01

빈곤 종식

여러분은 '빈곤' 하면 무엇이 떠오르나요?

▶▶ 다음 만화를 보고 수업에서 무엇을 배울지 생각해 봅시다.

빈곤 종식

다가서기

1. 빈곤의 사전적 정의를 참고하여 빈곤의 의미에 대해 알아봅시다.

빈곤(貧困)

「명사」

「1」 가난하여 살기가 어려움.

- 빈곤 타파.
- 많은 나라가 경제적 빈곤에서 벗어나려고 노력하고 있다.

① 내가 생각하는 빈곤의 기준을 말해 봅시다.

② 다음 글의 밑줄 친 부분에 해당하는 것들을 적어 봅시다.

빈곤은 단순히 돈이 많고 적음의 문제라고 볼 수 없어요. 빈곤은 <u>인간으로서 기본적으로 누려야 하는 욕구</u>를 해결하기 어려운 상태를 말해요.

③ ②에서 적은 내용을 바탕으로 빈곤의 의미를 다시 정의해 봅시다.

2. 다음 글을 읽고 빈곤의 근본적 원인이 무엇일지 생각해 봅시다.

가난한 사람들은 왜 가난할까요? 많은 사람은 이 질문에 '일을 열심히 하지 않고 게으름을 피워서', 혹은 '능력이 부족해서' 그렇다고 대답해요. 과연 그 답이 빈곤의 이유를 전부 설명할 수 있을까요?

코트디부아르는 전 세계 카카오 시장의 40%를 차지할 정도로 카카오 생산량이 많은 국가예요. 이곳에 사는 사무엘은 새벽에 일어나 아버지와 카카오 농장으로 가요. 오전 내내 카카오나무에 살충제를 뿌리고, 카카오를 따고, 마체테라는 칼로 카카오 껍질을 벗깁니다. 짧은 점심을 먹은 후 한가득 쌓인 카카오를 일일이 햇볕에 널어 말리지요. 이런 일을 하다 보면 어느새 해가 집니다. 사무엘은 집에 돌아와 어린 동생을 돌보고 청소나 빨래 등의 집안일을 도운 후 잠자리에 들어요.

유니세프에 따르면 코트디부아르의 하루 평균 임금은 0.34달러(약 400원)예요. 모든 가족이 카카오 농장에서 온종일 일해도 돈을 많이 벌 수 없어요. 이상하지 않나요?

① 이 글에 드러난 사무엘의 하루를 일과표에 그려 봅시다.

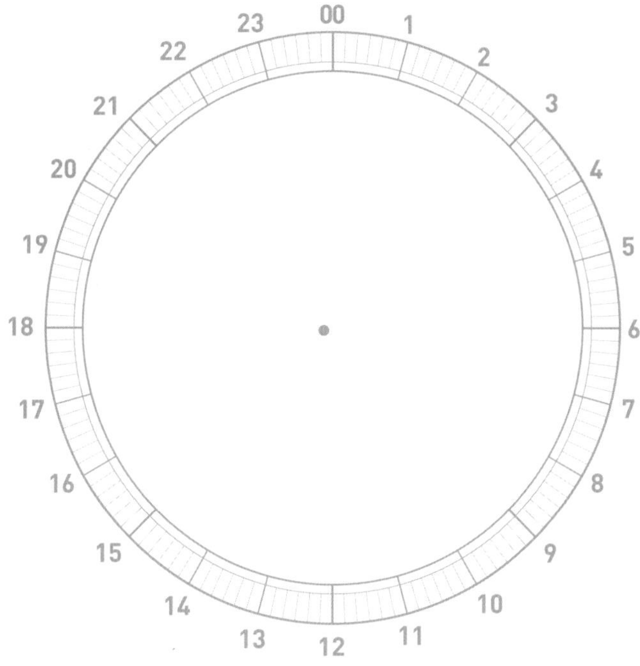

② 사무엘이 쉴 틈 없이 일해도 가난한 이유가 무엇일지 추측해 봅시다.

3. 다음은 유엔개발계획에서 109개국의 59억 명을 대상으로 조사한 '2021년도 다차원 빈곤 지수'입니다. 자료를 보고 빈곤 상황을 파악해 봅시다.

① 주로 어떤 사람들이 빈곤 상황에 처해 있는지 말해 봅시다.

② 빈곤 상황에 처한 사람들이 어떤 부분에서 고통을 겪고 있는지 정리해 봅시다.

③ 빈곤 문제를 해결하기 위해 어떤 점을 개선해야 할지 친구들과 이야기해 봅시다.

빈곤 종식

들여다보기

1. 다음 글을 읽고 아이티의 빈곤 원인을 마인드맵으로 정리해 봅시다.

아이티는 인구의 절반 이상이 생계를 제대로 꾸려나가기 힘든 최빈국 중 하나예요. 연이은 허리케인과 대지진, 정치적 혼란 등 아이티가 빈곤에 시달리는 데에는 여러 원인이 있지만 지금은 다른 이야기를 해 보려고 해요.

아이티는 30년 전까지만 해도 쌀 자급률이 100%에 가까운 국가였어요. 그런데 어떤 사건 후에 아이티의 쌀 농업이 몰락하고 말았어요. 도대체 무슨 일이 있었던 걸까요? 아이티는 국내의 쌀 시장을 보호하기 위해 수입 쌀에 대해서는 관세를 붙여 시장에서 아이티 쌀보다 비싼 가격에 판매하게 했어요. 그럼 사람들은 가격이 싼 아이티 쌀을 살 테니까요.

그런데 선진국과 국제통화기금은 이런 아이티를 압박했어요. 세계화의 흐름에 따라 여러 국가가 자유롭게 경쟁할 수 있도록 쌀 시장을 개방하라고 말이에요. 아이티는 이 요구를 받아들일 수밖에 없었어요. 아이티를 식민지로 삼았던 프랑스에 내야 할 배상금이 많았거든요. 식민 통치로 고통받았던 국가가 지배국이던 국가에 배상금을 줘야 하는 것이 이상하지요? 프랑스는 아이티에 독립을 허락하는 대신 배상금의 명목으로 1,000억 원이 훌쩍 넘는 어마어마한 돈을 요구했어요. 국제통화기금은 빚 일부를 탕감해 주는 대신 아이티의 쌀 시장을 개방하라고 했고요.

이에 따라 수입 쌀에 부과되던 관세가 대폭 낮아졌어요. 시장 개방은 자연스러운 흐름 아니냐고요? 애초에 공정하지 않은 게임이었어요. 선진국의 농민들은 자국으로부터 막대한 보조금을 받아 터무니없이 낮은 가격에 쌀을 대량으로 수출했고, 아이티 소비자들은 국내 쌀 대신 가격이 저렴한 수입 쌀을 선택했어요. 사람들이 아이티 쌀을 찾지 않으면서 쌀농사를 포기하는 농민들이 많아졌어요. 결국 아이티는 국내에서 소비하는 쌀 대부분을 외국에서 수입하는 국가가 되었어요.

문제는 외국 쌀에 대한 의존도가 높아지며 수입 쌀 가격이 올랐다는 거예요. 거기에다 2008년 세계 식량 가격의 폭등, 2010년 대지진을 겪으면서 아이티에서는 굶어 죽는 사람들이 급증했어요.

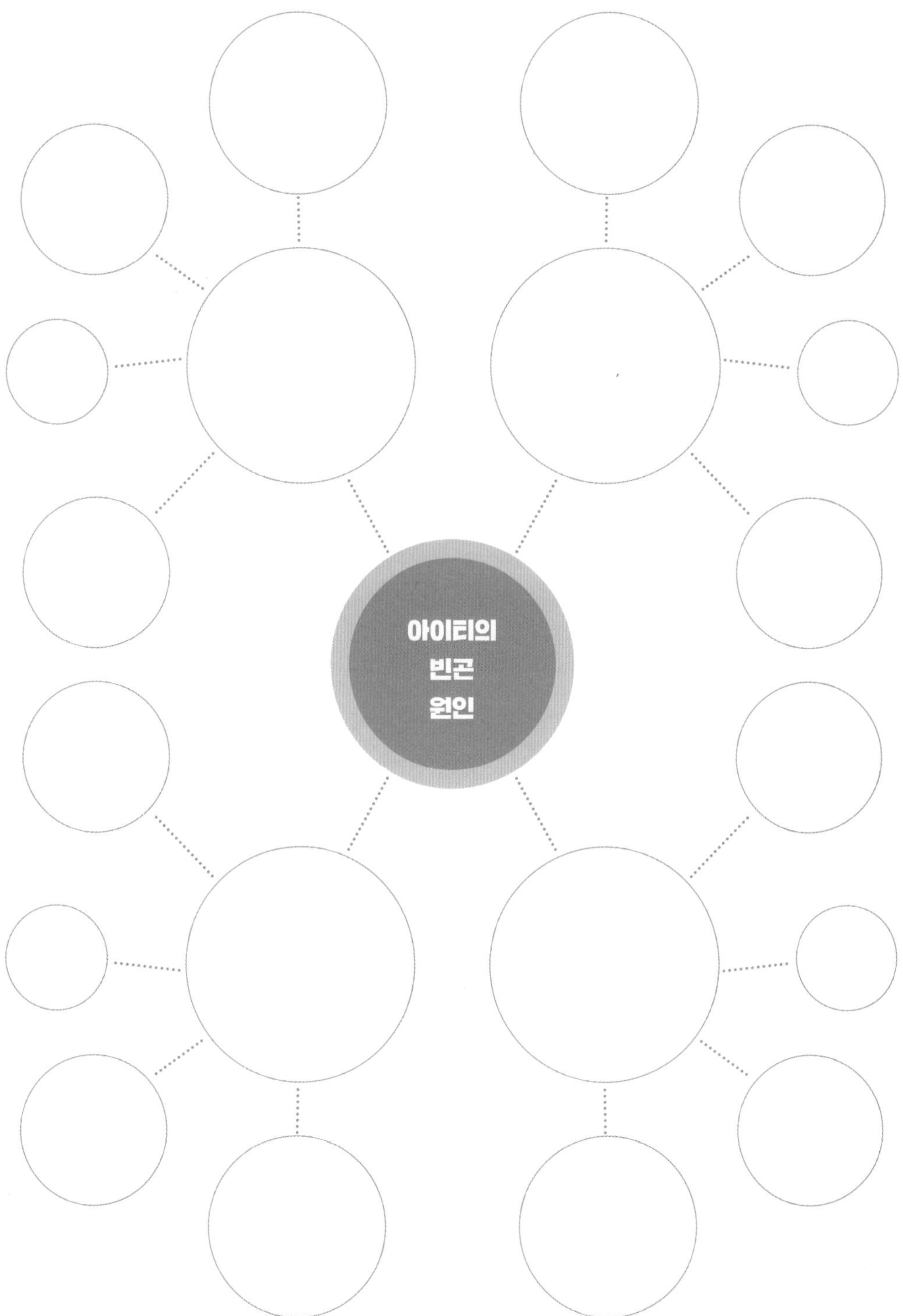
아이티의
빈곤
원인

2. 아이티의 상황을 비유하는 '쌀 판매 대결' 게임을 해 봅시다.

① 다음 규칙에 따라 1차 대결을 하고 결과를 정리해 봅시다.

1차 대결 규칙

| 도움 |
책 뒤의 활동지를 사용해 게임해 봅시다.

❶ 제비를 뽑아서 A, B 국가 두 모둠으로 나눕니다.

A 국가	B 국가
A 국가는 뛰어난 기술력이 있고, A 국가 농민들은 국가에서 보조금을 받습니다. 2차 게임 시작 전에 보조금 200달러를 받으세요.	B 국가는 평범한 농업 국가입니다. 하지만 B 국가를 식민 지배 했던 국가에 갚아야 할 돈이 있어서 게임이 끝날 때마다 100달러를 내야 합니다.

❷ A 국가는 자본금 200달러, B 국가는 100달러를 받습니다.

❸ 각 모둠은 선생님에게 원하는 만큼 수시로 쌀을 구매합니다. 쌀 키트 1장을 A 국가는 20달러에, B 국가는 40달러에 구매할 수 있습니다.

❹ 판매의 날이 되면 만든 쌀을 판매대로 가져옵니다.

❺ 제안서 작성 설명을 잘 읽고, 자신의 가격 제안서에 희망하는 쌀 판매 가격을 적습니다. 이때 상대에게 가격을 보여 주지 않고, 선생님이 '가격 공개 시작'이라고 하면 제안서를 동시에 공개합니다.

❻ 선생님은 가격이 싼 국가의 쌀만을 구매합니다. 게임의 핵심은 가격 전략을 잘 세워서 쌀을 많이 팔아 이윤을 남기는 것입니다.

❼ 정해진 시간 동안 판매의 날을 진행하고 B 국가는 100달러를 냅니다. 그 후에 각각 남은 돈을 세어 남은 돈이 많은 나라가 승리합니다.

	A 국가	B 국가
남은 돈		

② 다음 규칙에 따라 2차 대결을 하고 결과를 정리해 봅시다.

2차 대결 규칙

❶ 1차 대결과 같은 방식으로 진행합니다.
❷ A 국가는 게임 시작 전에 보조금 200달러를 받습니다.
❸ 가격 제안서 양식은 1차와 달라집니다. A 국가에 부과되던 관세가 가격 제안서에서 사라집니다.

	A 국가	B 국가
남은 돈		

③ A 국가와 B 국가의 특징을 연결해 봅시다.

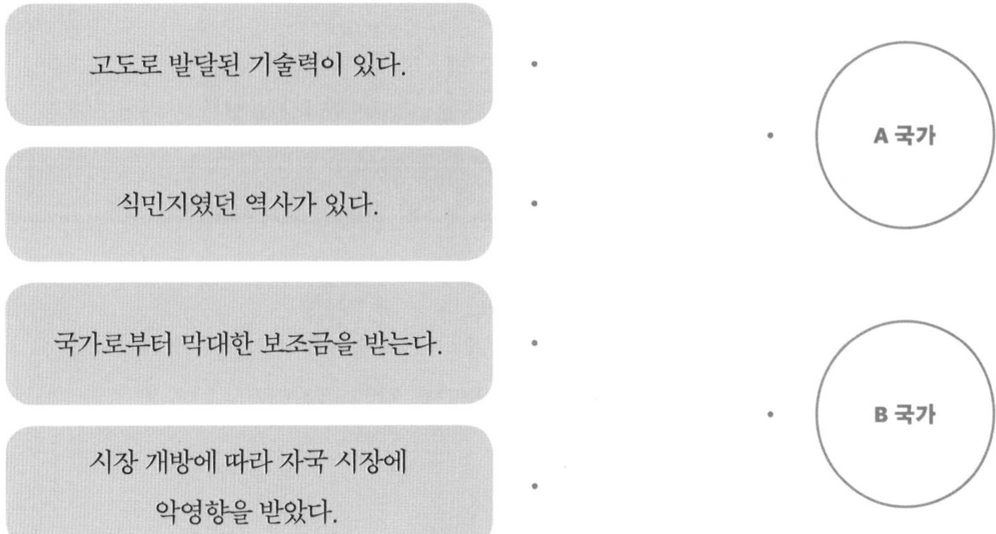

④ 1차 대결과 2차 대결의 결과는 어땠나요? 달라진 점이 있다면 그 이유가 무엇인지 생각해 봅시다.

빈곤 종식

함께하기

1. 다음 글을 읽고 빈곤 문제를 어떻게 해결해야 할지 고민해 봅시다.

여러분은 앞선 게임에서 쌀을 팔기 위해 모두 노력했을 거예요. 그렇지만 관세 철폐나 국가의 보조금, 쌀 구매 가격의 차이 등 여러 가지 요소로 승패가 좌우됐지요? 어떤 국가가 가난한 것은 그 국가 사람들이 노력하지 않거나 능력이 부족해서만은 아니에요. 빈곤 문제는 개인의 노력이나 재능으로 해결할 수 없어요. 고통스러운 식민 지배 경험, 기술력과 경제력을 바탕으로 값싸게 물건을 생산하고 수출하는 강대국과 그러지 못하는 약소국의 차이, 불공정한 무역에 눈감거나 이를 악화시키는 금융 기구 등의 요인으로 힘 있는 소수에게 부가 집중되는 경제·자본 구조가 더 큰 문제예요.

학자들에 따르면 현재 농업 생산량은 전 세계 인구보다 훨씬 많은 120억 명이 충분히 먹을 수 있는 수준이에요. 그런데 식량이 충분해도 골고루 돌아가지 않는다면 굶주리고 가난한 사람은 있을 수밖에 없어요. 빈곤 문제의 근본적 원인은 부가 골고루 돌아가지 않고 소수에게 집중되고 마는 사회 구조의 문제에 있어요.

그렇다면 빈곤 문제는 어떻게 해결할까요? 빈곤한 국가에 원조하면 될까요? 원조는 필요하지만 완전한 답은 아니에요. 빈곤의 근본적인 원인과 구조적 문제를 해결하지 않는다면 일시적 원조의 효과는 제한적일 수밖에 없을 거예요.

① 밑줄 친 것처럼 이야기하는 사람에게 어떤 말을 할 수 있을지 정리해 봅시다.

② | 보기 |의 '모기장 기부 캠페인'에 대한 내 생각을 말해 봅시다.

| 보기 |

할리우드 스타들을 비롯한 유명 인사들이 아프리카에서 말라리아를 퍼뜨리는 모기로부터 주민들을 보호하려고 모기장 기부 캠페인을 벌였다. 그런데 무료 모기장 때문에 아프리카에서 모기장을 생산하던 기업이 파산해 버렸다.

2. 빈곤 문제를 알리고 힘을 모으기 위해 트레일러를 만들어 봅시다.

활동 순서

❶ 트레일러에 담고 싶은 주제와 내용을 정한다.
❷ 트레일러에 삽입할 그림이나 사진, 배경 음악 파일을 준비한다.
❸ 트레일러 제작을 위한 스토리보드를 작성한다.
❹ 동영상 제작 프로그램을 활용해 트레일러를 제작한다.
❺ 제작한 트레일러를 인터넷이나 SNS에 올린 뒤 친구들과 공유한다.

| 도움 |

트레일러(trailer)
짧은 동영상 클립을 설명하는 용어로, 한 주제에 대한 짧은 소개나 스토리를 보여 주기 위한 목적으로 널리 사용된다.

- **담고 싶은 주제와 내용:**

- **스토리보드**

순서	장면 (그림으로 나타내기)	내용 및 자막	애니메이션 효과	배경 음악
1				
2				

순서	장면 (그림으로 나타내기)	내용 및 자막	애니메이션 효과	배경 음악
3				
4				
5				
6				

10/17

세계 빈곤 퇴치의 날

10월 17일은 '세계 빈곤 퇴치의 날'입니다. 1987년 프랑스 파리의 트로카데로 광장(인권과 자유의 광장)에 빈곤, 기아, 폭력의 희생자 십만여 명이 모여 절대 빈곤 퇴치 운동 기념비 개막 행사를 열었습니다. 1992년 10월 17일, 유엔의 공인으로 전 세계는 10월 17일을 빈곤 퇴치의 날로 기념합니다. 프랑스 파리의 기념비에는 이런 문구가 새겨 있습니다.

"가난이 있는 곳에 인권 침해가 있다. 인권 보호는 우리의 의무다."

❖ 국가인권위원회, 법무부, 국제앰네스티 등의 사이트에서 세계 인권 선언문을 찾아 읽어 봅시다. 그리고 빈곤이 침해하는 인간의 권리가 무엇인지 써 봅시다.

SDGs 02

기아 해결

▶▶ 여러분이 하루 동안 남기거나 버리는 음식의 양은 얼마나 되나요?

▶▶ 다음 만화를 보고 수업에서 무엇을 배울지 생각해 봅시다.

기아 해결

다가서기

1. 다음 글을 읽고 '지민'과 '짐'의 식사 모습이 어떻게 다른지 알아봅시다.

오늘은 대한민국에 사는 지민이의 생일이에요. 생일을 맞아 가족과 뷔페에 간 지민이는 접시에 좋아하는 음식을 몽땅 담았지요. 신나게 먹다 보니 금방 배가 불러 왔어요. 너무 많이 가져왔는지 음식이 한가득 남았지요. 어머니께서는 지민이에게 다음부터는 먹을 만큼만 가져오라고 하셨어요.

아프리카 차드에 사는 짐은 오늘도 구호 식량 배급 줄에서 오랫동안 기다려 수프를 받았어요. 배가 고파서 수프를 게 눈 감추듯 허겁지겁 먹었지요. 하루에 겨우 한 끼 먹는데 짐의 배는 불룩 나와 있어요. 영양이 부족해서라고 봉사단 의사 선생님께서 말씀하셨어요.

이상한 일이에요. 한쪽은 음식이 남아 곤란하고 한쪽은 부족해서 문제가 되지요. 왜 이런 일이 생기는 걸까요?

2. 다음 글과 지도를 보고 전 세계의 기아 상황을 파악해 봅시다.

유엔세계식량계획이 유엔아동기금 등 4개 국제기구와 공동으로 펴낸 『2021 세계 식량 안보와 영양 실태 보고서』에 따르면 세계 기아 인구는 8억 1,100만 명에 이릅니다. 이는 전 세계 인구의 약 10%에 달하는 숫자로, 10명 중 1명이 굶주리고 있다는 뜻입니다. 다음은 국가의 전체 인구 중 영양 부족을 겪는 사람의 비율에 따라 각 국가를 색으로 구분한 지도입니다. 지민이가 사는 대한민국은 2.5% 미만에 속하고, 짐이 사는 차드는 25~34.9%에 속함을 알 수 있습니다.

① **216~217쪽을 참고하여 영양 부족을 겪는 비율이 25% 이상인 국가를 찾아봅시다.**

② **기아는 해당 국가의 사회, 경제, 문화 및 환경의 여러 요소로 발생합니다. ①에서 찾은 국가 중 두세 국가를 선택해 기아를 겪는 이유를 알아봅시다.**

기아 해결

들여다보기

1. 다음 글을 읽고 차드호의 상황이 어떠한지 알아봅시다.

안녕하세요. 저는 아프리카에 있는 나라 차드에 사는 짐이에요. 우리는 심각한 굶주림에 시달리고 있어요. 차드는 최근 몇 해 동안 계속 세계에서 가난한 나라, 기아에 시달리는 나라에 이름을 올리고 있어요. 왜 우리는 이토록 굶주리는 것일까요?

우선 우리 나라는 국토 대부분이 사막이에요. 처음부터 그랬던 건 아니에요. 우리 나라엔 차드호라고 불리는 호수가 있는데 이 호수가 옛날엔 아주 컸다고 해요. 그런데 1960년대부터 호수가 급격하게 줄어들었어요. 1963년 차드호의 면적은 2만 5,000km³였는데, 10년 뒤 1만 5,400km³로 줄고 1982년에는 2,276km³로 급격히 줄었어요. 2003년에는 1,350km³ 정도까지 줄어들어 처음보다 90% 이상 줄어 버렸어요. 국제기구 및 주변 나라와 협력해서 면적은 상당 부분 복구했지만 여전히 유량은 부족해요.

물이 부족해지자 사람들은 더욱더 호수 근처로 몰렸어요. 물을 구하기 위해 인근 나라의 사람들까지 이곳으로 오고 있어요. 왜 이런 일이 생겼을까요? 호수가 아예 말라 버리면 우린 어떡하지요? 우리는 어떻게 해야 할까요?

① 줄어드는 차드호의 상황을 그래프로 나타내 봅시다.

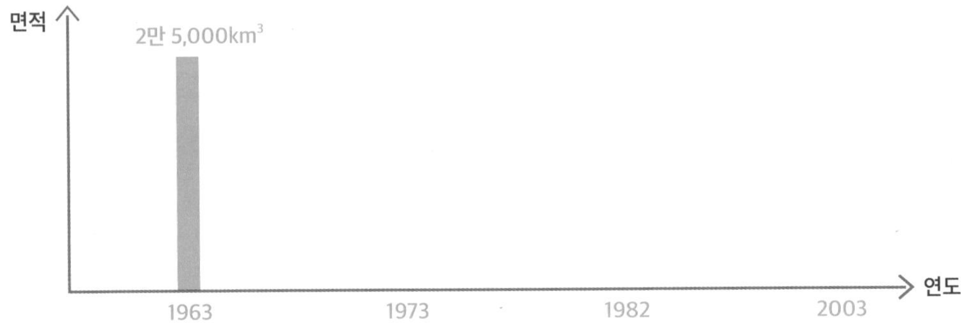

② 차드호가 사라지면 어떤 일이 일어날지 짐작해 봅시다.

2. 다음 글을 읽고 차드호의 사막화를 막을 방법을 고민해 봅시다.

차드호가 줄어들어 사막화되는 이유는 무엇일까요? 어느 날 갑자기 이런 일이 벌어진 걸까요?

차드호가 이 정도로 크게 줄어든 데에는 여러 원인이 있습니다. 많은 사람이 호수 주변으로 몰려왔고 관개 농업과 목축업을 하느라 호수의 물을 많이 사용하기도 했지만, 가장 큰 원인은 강수량이 크게 줄어들며 사막화가 진행되었기 때문입니다.

환경 전문가들은 차드호의 사막화 원인으로 지구 온난화를 이야기해요. 선진국들의 무분별한 산업화로 야기된 지구 온난화는 사막화라는 결과를 가져왔고, 바로 차드호가 그 영향을 직접적으로 받은 것입니다. 특히 차드호는 수심이 얕기 때문에 줄어든 강수량의 영향을 크게 받아 빠른 속도로 면적이 줄어들며 사막화가 진행되었어요.

차드호처럼 사막화되는 현상에 대해 국제적으로 어떤 움직임이 있었을까요? 1994년 유엔사막화방지협약이라는 국제기구가 세워졌어요. 이 기구에 가입한 국가들은 공동의 약속을 지킬 의무가 있어요. 이를테면 선진국은 사막화 피해국에 대해 산림 녹화 등과 같은 지식과 기술을 제공하는 등의 내용을 약속했지요.

① 차드호가 줄어드는 원인을 정리해 봅시다.

② 내가 유엔사막화방지협약의 대표가 된다면 '사막화 방지 협약'에 어떤 내용을 넣을지 써 봅시다.

3. 다음 글을 읽고 기아의 원인을 조사한 후 정리해 봅시다.

2021년 4월, 장기 집권을 하던 차드의 대통령 이드리스 데비가 반군에 의해 사망했어요. 이렇듯 차드에서는 내전과 분쟁이 계속되고 있어요. 오랜 내전과 분쟁은 국민의 삶을 팍팍하게 만들었지요. 도대체 차드에서는 왜 이런 일들이 일어나는 걸까요?

차드의 내전과 분쟁의 원인은 정말 복잡해요. 먼저 차드는 오랫동안 프랑스의 식민 지배를 받아 온 국가예요. 프랑스는 식민 지배를 하는 동안 차드의 민족과 지역 간에 차별 의식과 분열을 일으켰어요. 이러한 영향은 1960년 독립 이후에도 이어졌지요. 독립한 차드에는 독재 정권이 들어섰고, 정권은 국민을 하나로 모으기보다는 오히려 권력을 유지하기 위해 민족과 지역 간 갈등을 이용했어요. 특히 통치권을 두고 북부의 이슬람 세력과 남부의 기독교 세력이 오랫동안 대립했지요. 와중에 식민 종주국이던 프랑스, 이웃 국가 리비아 등이 자국의 이익을 위해 차드의 내전에 개입하면서 국제 분쟁으로 번지기까지 했어요.

앞서 이야기했던 사막화는 분쟁을 더욱 키우는 원인이에요. 물을 둘러싸고 주민들 간의 대립이 벌어지고, 심지어는 물 공급을 조절해 적군에 대한 공격 수단으로 활용하기도 해요. 분쟁은 끊임없이 벌어지고 또 그 때문에 주민들은 굶주리며 살아갈 수밖에 없어요.

① 차드에서 내전과 분쟁이 일어나는 이유를 써 봅시다.

② 차드처럼 기아로 고통받고 있는 곳을 조사하고 그곳의 기아의 원인을 분석해 봅시다.

- 조사한 곳:
- 현재 상황:
- 기아의 원인:

③ 지금까지의 활동을 바탕으로 전 세계 기아의 원인이 무엇인지 마인드맵으로 정리해 봅시다.

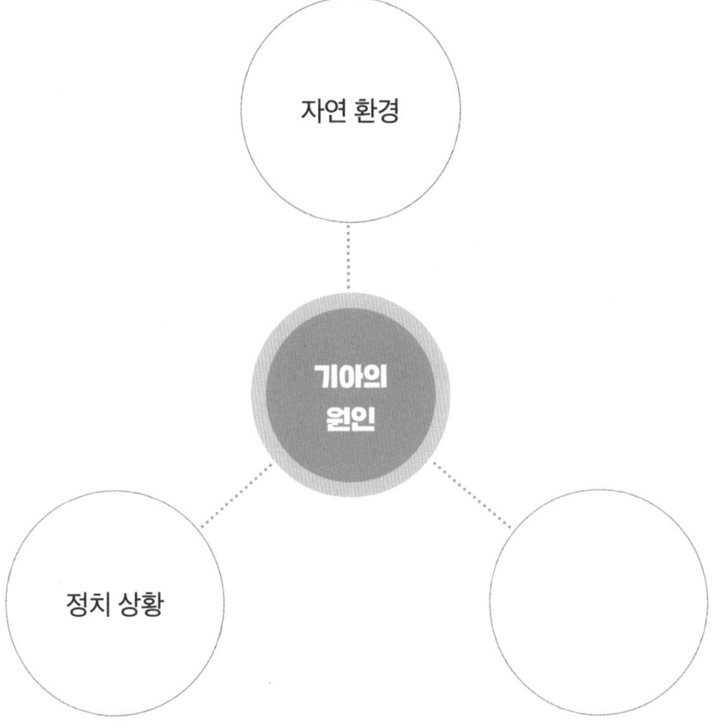

기아 해결

함께하기

1. 다음 대화를 읽고 지속 가능한 농업에 대해 알아봅시다.

 식량이 부족해 굶주린다면, 농사를 지어서 식량을 마련하면 되는 일 아냐?

 그게 그렇게 간단하지 않아. 빈곤국 농민들이 농사를 지을 수 없는 상황이 됐대.

 하지만 이런 방식은 오히려 농민들의 상황을 어렵게 만들었어.

 너도나도 특정 작물만 재배했다면 작물 가격이 크게 떨어졌겠네.

 그렇지. 또 작물 시장을 거대 기업이 장악해서 농민들이 설 자리가 없어졌어.

 게다가 기업이 매해 씨앗값을 올려서 농민들은 빚을 많이 지게 되었어.

 그럼 원래 있던 씨앗을 다시 심으면 되지 않을까?

 기업들이 개량한 씨앗이 보급되면서 토종 씨앗은 빠르게 사라졌어. 이제 농사를 지으려면 기업의 비싼 씨앗을 살 수밖에 없는 상황이 된 거지.

① 빈곤국의 농민들이 농사를 짓기 힘든 이유를 말해 봅시다.

② 다음 글을 읽고 농민들이 농사를 포기하면 어떤 일이 벌어질지 적어 봅시다.

기후 변화로 식량이 부족해지자 주요 식량 수출국들은 식량 수출을 통제하기 시작했습니다. 이로 인해 국제 시장에서 식량 공급이 축소되자 식량 가격은 천정부지로 치솟았습니다. 이른바 '식량의 무기화'가 시작된 것입니다.

③ 다음 사례를 참고하여 농민들이 지속적으로 농사를 지을 수 있게 하려면 어떤 노력이 우선이 되어야 할지 생각해 봅시다.

인도에서는 '나브다냐'라는 씨앗 은행에서 토종 씨앗을 농민들에게 공짜로 나누어 주고 있습니다. 이를 통해 자국의 농업을 종속시키는 다국적 종자 기업에 맞서, 사라져 가는 다양한 종자를 보존하는 방법으로 농민을 보호하고 있습니다.

2. 주사위 놀이를 하며 기아 해결을 위해 전 세계가 힘을 합쳐 할 일을 살펴봅시다.

출발 ➡

빈곤국 지도자들의 리더십 향상을 위해 협력한다.
앞으로 2칸 »

Quiz
평화 확산을 위한 캠페인 아이디어는?

앞으로 3칸 »

Quiz
척박한 (ㅌㅇ)을 개선하기 위한 연구에 투자한다.

내전/분쟁 종식을 위한 평화 협상을 위해 국제 사회가 압박 및 지지를 보낸다.
앞으로 2칸 »

Quiz
(ㅈㅅ ㄱㄴ)한 농업 방식을 고민하고 개발한다.

앞으로 1칸 »

Quiz
빈곤국이 자생적으로 식량을 생산하도록 (ㄱㅅ)을 전수한다.

무인도
주사위를 굴려서 짝수가 나와야 탈출할 수 있습니다.

수자원 관리와 개발을 위해 국제적으로 협력한다.
앞으로 2칸 «

Quiz
토종 씨앗을 보급하는 인도의 씨앗 은행 이름은?

기아 문제는 나와는 거리가 먼 일이라 생각한다.
뒤로 1칸 »

세계 여행
주사위를 굴려 나온 수만큼 앞으로 이동하세요.

Quiz
빈곤 문제를 해결하기 위한 아이디어 1개 말하기

위기에 처한 아동이나 빈곤층을 위한 구호 활동에 참여한다.
앞으로 1칸 «

Quiz
사막화를 방지하기 위해 1994년에 세워진 기구의 이름은?

뒤로 3칸 »

| 도움 |
책 뒤의 활동지를
사용해 게임해 봅시다.

기아 해결 주사위 놀이

① 빈칸의 내용을 여러분이 만들고 게임을 시작하세요. 앞으로 가라는 지령이 적힌 칸에는 기아 해결에 도움이 되는 내용을, 뒤로 가라는 지령이 적힌 칸에는 기아 해결에 도움이 되지 않는 내용을 쓰면 됩니다.

② 주사위를 던져 나온 숫자대로 이동합니다.

③ 해당 칸에 제시된 내용을 큰 소리로 읽고 지령에 따라 움직입니다. 지령에 따라 한 번 이동한 후 말은 움직이지 않습니다.

④ 퀴즈 칸에 도착하면 퀴즈를 풉니다. 풀지 못하면 원래 자리로 돌아갑니다.

⑤ 다음 사람이 주사위를 던져 같은 방법으로 게임을 진행합니다.

⑥ 출발점으로 먼저 들어오는 사람이 이깁니다.

10/16

세계 식량의 날

유엔식량농업기구는 매년 10월 16일을 '세계 식량의 날'로 제정했습니다. 식량 안보에 대한 인식을 제고하고 식량 문제를 해결하기 위해 국제 협력을 강화하려는 목적으로 만들어졌지요.

여러분은 먹기 위해 생산한 식품 중 3분의 1가량이 전 세계에서 버려지고 있다는 사실을 알고 있나요? 전 세계의 7억 가까이 되는 인구가 굶주리고 있는데 말이에요. 또 낭비되는 음식물 때문에 생기는 온실가스 역시 상당하다고 합니다. 이에 따라 유엔세계식량계획에서는 2019년 음식물 낭비를 막기 위한 해시태그 캠페인(#stopthewaste)을 진행했습니다.

❖ **AGAIN 'stop the waste'! 우리도 캠페인에 참여해 봅시다.**

❶ 냉장고에 넣어 두고 잊어버린 식재료를 찾는다.

❷ 그 식재료를 활용해 나만의 '냉장고 털이' 요리를 만들어 사진을 찍는다.

❸ SNS에 사진을 올리며 #stopthewaste 태그를 단다. 캠페인에 함께할 친구 3명을 지목한다.

SDGs 03

건강과 복지

여러분은 몸이 아프면 어떻게 하나요?

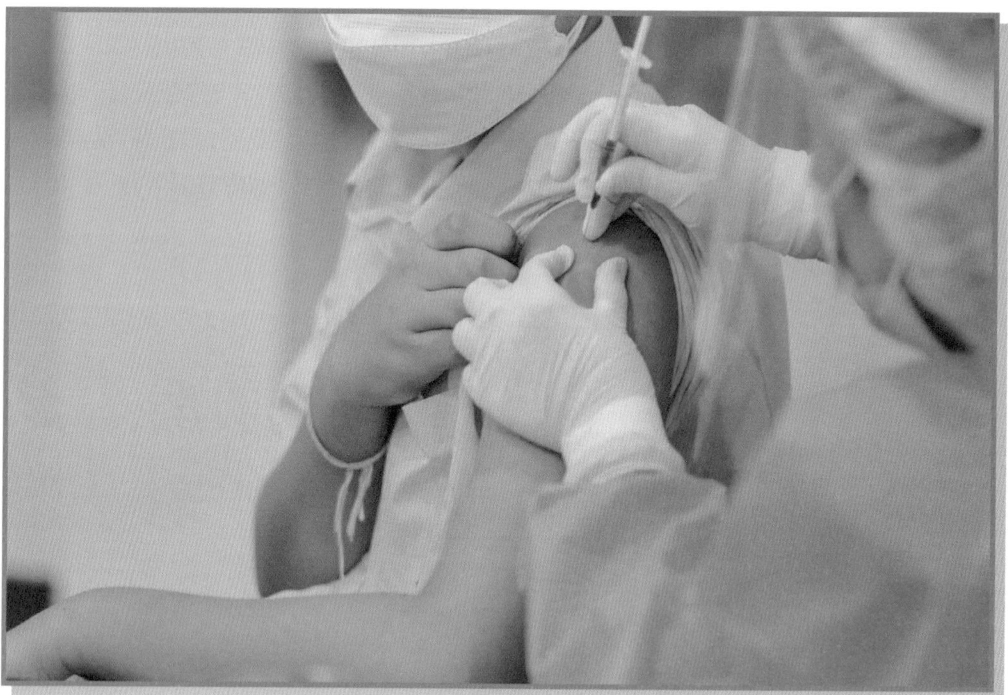

▶▶ 다음 만화를 보고 수업에서 무엇을 배울지 생각해 봅시다.

출산 시 산모와 아이 모두 건강하기

아이를 낳는 일은 굉장히 위험해! 전문가의 도움을 받으면 사망이나 합병증의 위험을 최소화할 수 있어.

영유아기에 건강하게 생존하기

5세 미만의 아이들은 특히 매우 약해. 예방 접종을 하고 영양가 있는 음식을 먹여서 건강을 지켜 주어야 해.

예방할 수 있는 질병으로부터 보호받기

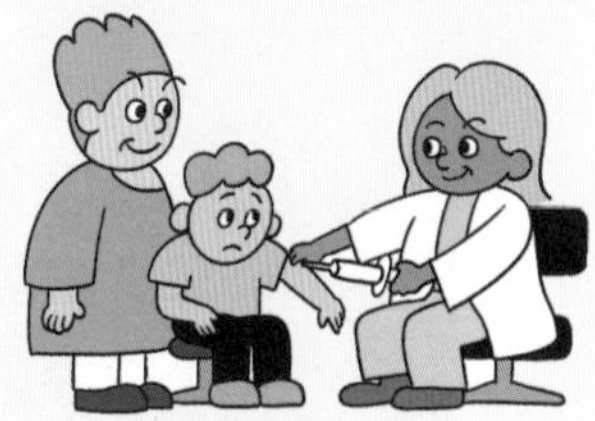

전염병은 예방하고 관리할 수 있어. 전염병에 걸린 사람들은 양질의 치료를 받아야 해.

중독으로부터 자유로워지기

중독에 대해 사람들을 교육하고 환자들은 적절한 치료를 받아야 해.

본인의 신체와 권리에 대해 이해하기

성과 생식기 건강에 대한 정보에 쉽게 접근할 수 있어야 해.

의료 서비스에 대한 접근성 제공하기

모든 사람에게 꼭 필요한 의료 서비스, 의약품 및 예방 접종이 무엇인지 쉽게 알 수 있어야 해.

건강과
복지

다가서기

1. 다음 글을 읽고 어떻게 하면 '펠로페파'가 멈출 수 있을지 알아봅시다.

'펠로페파(Phelophepa)'에 대해 들어 본 적 있나요? 펠로페파는 철로를 달리는 열차입니다. 다만 특이한 점은 병원 열차라는 것이죠. 그래서일까요? 펠로페파는 남아프리카 공화국(남아공) 언어로 '건강'을 뜻합니다. 이 열차는 2년마다 찾아오며 일주일을 머물렀다가 다른 곳으로 떠납니다.

그런데 왜 굳이 열차에 병원을 지었을까요? 남아공의 의료 기술이 낙후되어서일까요? 남아공은 세계 최초로 심장 이식 수술을 했을 정도로 의료 기술이 고도로 발달한 국가입니다. 그렇지만 그 혜택을 누리는 사람은 매우 적습니다. 남아공의 사정 때문입니다. '아파르트헤이트'라고 불리는 인종 차별 정책이 오래 지속되었던 탓에 남아공의 의료 시설은 백인 거주 지역에 한정되어 있습니다. 그 외의 지역에 사는 사람들은 병원에 가기 위해 먼 거리를 가야만 하지요.

그래서 병원 열차인 펠로페파가 탄생했습니다. 이 열차는 기본적인 의료 서비스조차 받기 힘든 사람들을 위한 최소한의 의료 서비스를 제공합니다.

펠로페파는 남아공 사람들에게 '희망의 열차'로 여겨지지만, 한편으로 남아공 의료 체계의 실패를 뜻하는 것이기도 합니다. 펠로페파의 운영자들은 펠로페파가 없어져도 되는 날이 오기를 간절히 바랍니다.

① 펠로페파가 생기기 전, 주변에 병원이 없는 사람이 겪었을 어려움을 말해 봅시다.

② 펠로페파가 남아공 의료 체계의 희망이면서도 실패를 뜻하는 이유를 짐작해 봅시다.

2. 다음 두 그래프를 보고 국가별 의료 체계에 대해 살펴봅시다.

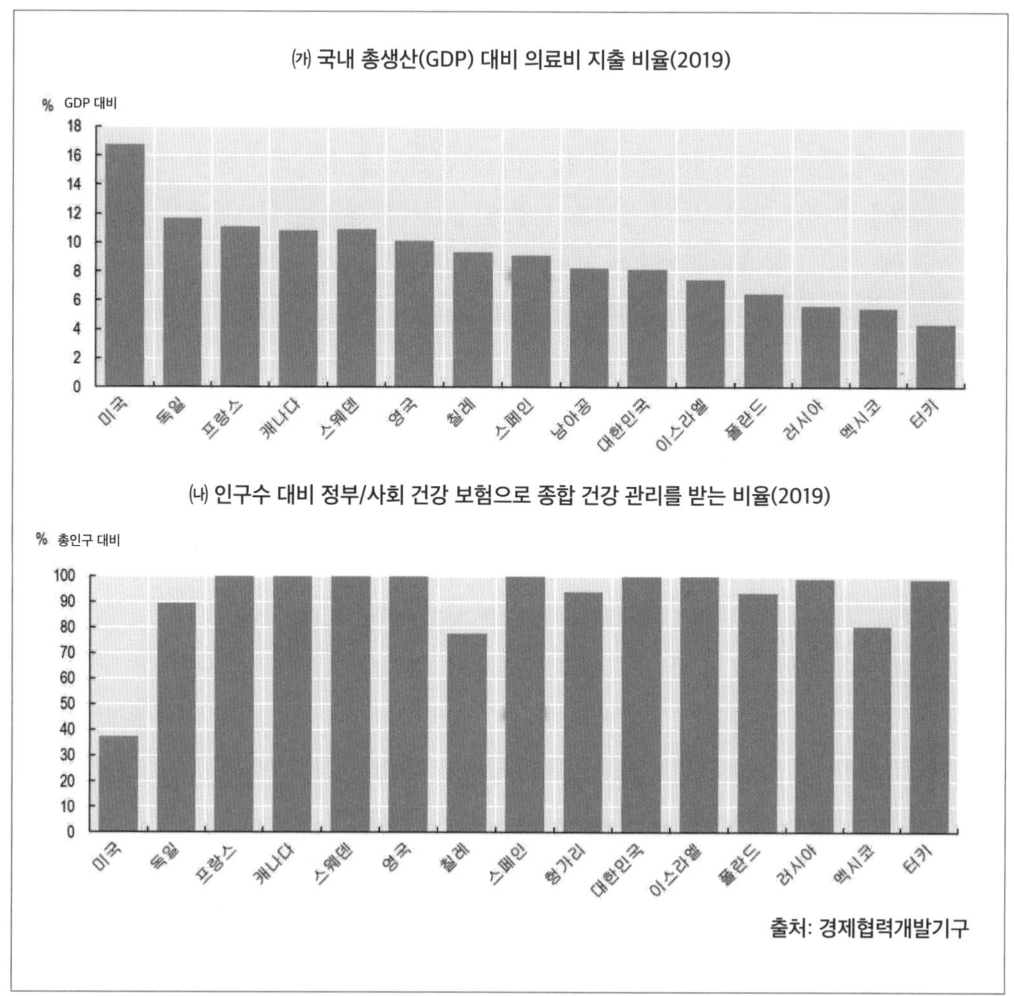

출처: 경제협력개발기구

① ㈎에서 비율이 가장 높은 국가, ㈏에서 비율이 가장 낮은 국가를 확인해 봅시다.

② ㈎에서 비율이 가장 높은 국가가 ㈏에서 비율이 가장 낮은 국가인 까닭이 무엇일지 추측해 봅시다.

3. 다음 글을 읽고 민간 의료 보험 체계에 대해 알아봅시다.

미국은 남아프리카 공화국과 달리 병원이 널리 분포되어 있어요. 그런데 병원이 많다고 해도 개인이 부담해야 하는 병원비는 전 세계에서 가장 높은 수준이에요.

여러분은 「식코」라는 영화를 아나요? 이 영화는 무릎을 심하게 다친 한 남자가 스스로 상처를 꿰매는 장면으로 시작해요. 다음에 등장하는 남자는 전기톱에 두 손가락이 잘렸지만 손가락 하나는 포기해요. 왜 병원에 가지 않냐고요? 왜 손가락 하나만 붙였냐고요? 병원비가 너무 비싸기 때문이에요. 미국은 민간 의료 보험사가 의료 서비스를 주도하고 있어요. 영화는 돈이 없어 의료 보험에 가입하지 못한 3,100만 명 이상의 미국인이 의료 서비스의 사각지대에 놓여 있으며, 의료 보험이 있는 사람들 역시 높은 비용과 복잡한 절차 때문에 적절한 의료 서비스를 받지 못하는 현실을 보여 주지요.

대한민국은 의료 보험을 둘러싸고 여러 입장이 존재해요. 미국과 같이 민간 보험의 활성화를 주장하는 사람들은 민간 의료 보험이 확대되면 시설이 좋고 의료의 질이 우수한 병원들이 많이 들어설 것을 기대하지요. 반면에 민간 보험이 확대되어 비싼 민간 보험에 가입한 사람들은 더 좋은 의료 서비스를 받겠지만 그렇지 못한 사람들은 미국의 예처럼 아파도 비용 때문에 치료받지 못하는 일이 생길 수밖에 없을 것이라고 말하는 사람들도 있어요. 말 그대로 양극화 현상이 일어날 것이라고 본 거예요.

① 국내 민간 의료 보험 활성화에 대한 사람들의 주장을 정리해 봅시다.

찬성	반대

② ①에서 정리한 내용에 대해 어떻게 생각하는지 그 이유와 함께 말해 봅시다.

건강과 복지

들여다보기

1. 다음의 규칙에 따라 '백신을 구하라' 1차 게임을 해 봅시다.

게임 규칙

| 도움 |
책 뒤의 활동지를 사용해 게임해 봅시다.

❶ 각 모둠은 하나의 국가가 되며, 각 국가에는 6명의 국민이 살고 있다.

❷ 모둠별로 국가 카드를 뽑는다.

❸ 국가 카드 뒷면에서 나라가 가지고 있는 돈을 확인한다.

❹ 국가별로 가진 돈 범위 안에서 백신을 구매한다.

❺ 백신 생산국인 A 국가는 가장 먼저 백신을 구매할 기회를 얻는다.

❻ 이후 순서는 B, C, D, E 국가 순서로 진행한다. 각 국가는 A 국가가 백신을 구매할 동안, 어떤 백신을 몇 개 구매할지 상의한다.

백신 목록

초록 백신	노랑 백신	파랑 백신
가격: 1,000원 수량: 8개 예방율: 95%	가격: 500원 수량: 10개 예방율: 80% ※ 개인에 따라 부작용이 생길 수 있음.	가격: 300원 수량: 14개 예방율: 62% ※ 5명 중 1명은 심각한 부작용이 생김.

① 게임을 마친 후 각 국가가 어떤 종류의 백신을 얼마나 확보했는지 정리해 봅시다.

국가	초록 백신	노랑 백신	파랑 백신
우리 모둠의 국가			
(　　　　) 국가			
(　　　　) 국가			
(　　　　) 국가			
(　　　　) 국가			

② ①의 결과에서 느낀 점이 무엇인지 말해 봅시다.

③ 모둠에서 역할 카드를 뽑은 다음에 누가 어떤 백신을 접종할지 회의를 하여 결정해 봅시다.

의사 임산부 범죄자

회사원 대통령 기저 질환 노인

역할	접종 백신	이 백신을 맞히기로 정한 이유
의사		
임산부		
범죄자		
회사원		
대통령		
기저 질환 노인		

2. 다음 글을 읽고 '무지의 베일'을 쓴 상태에서 백신을 분배해 봅시다.

도움
2번 활동은 선택 심화 활동입니다. 교실 상황에 따라 1-③ 활동이 끝난 뒤에 해 보세요.

존 롤스는 공정한 분배 방식에 대해 고민한 학자예요. 롤스는 이를 위해 하나의 가정을 세워요. 개인들이 모여 분배 방식에 대해 합의하는데, 이때 각 개인은 '무지의 베일'을 쓰지요. 그런데 이 무지의 베일은 특별한 기능이 있어요. 쓰는 순간 자신의 지위, 인종, 능력 등을 전혀 모르는 상태가 되는 거예요. 롤스는 무지의 베일을 쓴 사람들이 분배 방식을 합의할 때 공정한 분배가 실현된다고 보았어요.

① 롤스가 '무지의 베일'을 이야기한 까닭이 무엇일지 말해 봅시다.

② 역할이 보이지 않게 뒤집은 상태에서 역할 카드를 나눠 가진 뒤, 내가 맡은 역할을 알지 못한 채로 백신을 어떻게 분배할지 생각해 봅시다.

역할	접종 백신	내가 그렇게 생각하는 까닭
의사		
임산부		
범죄자		
회사원		
대통령		
기저 질환 노인		

③ ②를 바탕으로 모둠 친구들과 함께 백신을 어떻게 분배할지 토의해 봅시다.

• 우리 모둠의 최종 토의 결과

역할	의사	임산부	범죄자	회사원	대통령	기저 질환 노인
접종 백신						

④ 카드를 뒤집어 각자의 역할을 확인해 봅시다. 자신의 역할을 알고 토의했을 때와 알지 못하고 토의했을 때의 차이점과, 여기에서 느낀 점이 무엇인지 이야기해 봅시다.

건강과
복지

함께하기

❖ **'백신을 구하라' 2차 게임을 하며 새로운 목표를 달성해 봅시다.**

우리의 목표

모든 사람이 백신에 접근할 수 있도록!

1. 게임을 시작하기 전에 모두가 안전한 백신을 접종할 수 있는 방법이 무엇일지 토의해 봅시다.

2. 다음의 규칙에 따라 백신을 확보해 봅시다.

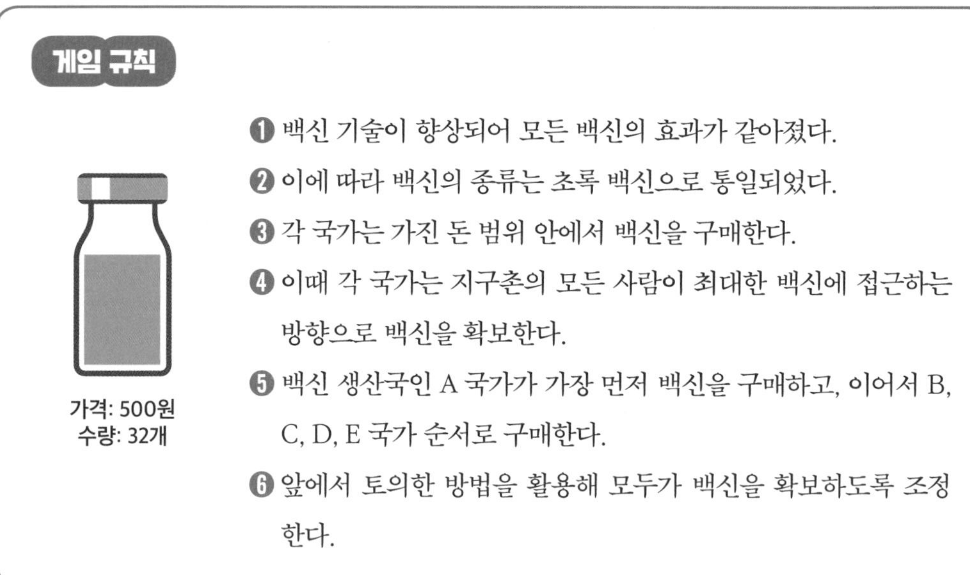

게임 규칙

가격: 500원
수량: 32개

❶ 백신 기술이 향상되어 모든 백신의 효과가 같아졌다.
❷ 이에 따라 백신의 종류는 초록 백신으로 통일되었다.
❸ 각 국가는 가진 돈 범위 안에서 백신을 구매한다.
❹ 이때 각 국가는 지구촌의 모든 사람이 최대한 백신에 접근하는 방향으로 백신을 확보한다.
❺ 백신 생산국인 A 국가가 가장 먼저 백신을 구매하고, 이어서 B, C, D, E 국가 순서로 구매한다.
❻ 앞에서 토의한 방법을 활용해 모두가 백신을 확보하도록 조정한다.

① 각 국가가 백신을 얼마나 확보했는지 정리해 봅시다.

국가	백신 확보량
우리 모둠의 국가	
(　　　　) 국가	
(　　　　) 국가	
(　　　　) 국가	
(　　　　) 국가	

② 모두가 백신을 확보하기 위해 활용한 방법을 말해 봅시다.

③ 게임을 하면서 새롭게 알게 된 점을 나누어 봅시다.

04/07

세계 보건의 날

매년 4월 7일은 '세계 보건의 날'입니다. 이날은 전 세계의 모든 사람이 건강한 삶을 누리기 위해 보건 의식을 높이고, 의료 서비스 및 복지 분야에서 활동하는 종사자를 격려하기 위해 제정한 날이에요.

2021년의 주제는 '모두에게 공정하고 건강한 세상 만들기(Building a fairer, healthier world)'였어요. 세계보건기구는 '모든 사람은 가장 높은 수준의 건강을 누릴 권리가 있음'을 강조하며 건강과 관련된 불평등을 해결하기 위해 모두의 노력을 촉구했지요.

❖ 모두에게 공정하고 건강한 세상을 만들기 위해 사람들의 노력을 촉구하는 SNS 챌린지를 기획해 봅시다.

• 사용할 해시태그: #

• 챌린지 방법:

SDGs 04

양질의 교육

코로나19 시대에 여러분의 학교생활은 어떻게 달라졌나요?

▶▶ 다음 만화를 보고 수업에서 무엇을 배울지 생각해 봅시다.

양질의 교육

다가서기

1. 다음 글을 읽고 말랄라 유사프자이가 왜 교육의 힘을 강조하는지 말해 봅시다.

말랄라가 사는 스와트 계곡은 파키스탄 북부의 산악 지역입니다. 이슬람 극단주의인 무장한 탈레반은 이곳을 점령하고, 현대화된 서구식 교육과 문명을 반대하며 이슬람 근본주의 원리에 따라 주민들을 억압하고 처형했습니다. 하지만 말랄라는 학교를 세워 남녀 학생을 평등하게 가르쳤던 아버지의 영향으로, 여자도 교육으로 미래를 바꿀 수 있다고 믿었습니다. 2009년 말랄라는 영국 방송사 BBC 웹사이트에 마을에서 일어나는 일들에 관해 익명으로 연재하면서 탈레반 때문에 파키스탄의 소녀들이 학교 교육을 받을 수 없으며 학교도 폐교되었음을 세상에 알렸습니다. 말랄라의 연재 글은 어마어마한 파장을 불러일으켰고, 이는 뉴욕타임스의 다큐멘터리로도 제작됩니다. 그 과정에서 말랄라의 신분이 노출되어 2012년 10월 9일, 16살 소녀는 안타깝게도 탈레반의 총에 머리와 목, 어깨를 맞았습니다. 영국 버밍엄으로 이송되어 수차례의 수술을 받은 끝에 말랄라는 깨어났습니다.

그 이후 계속된 탈레반의 위협에도 말랄라는 아동과 여성의 교육을 위한 활동을 펼쳤고, 2014년에 노벨 평화상을 수상합니다. 2013년 7월, 미국 뉴욕의 유엔 본부에서 열린 청소년 유엔 총회에서 말랄라 유사프자이는 이렇게 말했습니다.

"우리 모두 책과 펜을 집어 듭시다. 그것이야말로 가장 강력한 무기입니다. 학생 한 사람, 교사 한 사람, 책 한 권, 펜 한 자루가 세상을 바꿀 수 있습니다."

2. 다음 그래프를 보고 전 세계 103개 국가 및 지역에 사는 어린이와 청소년의 학교 진학 상황을 살펴봅시다.

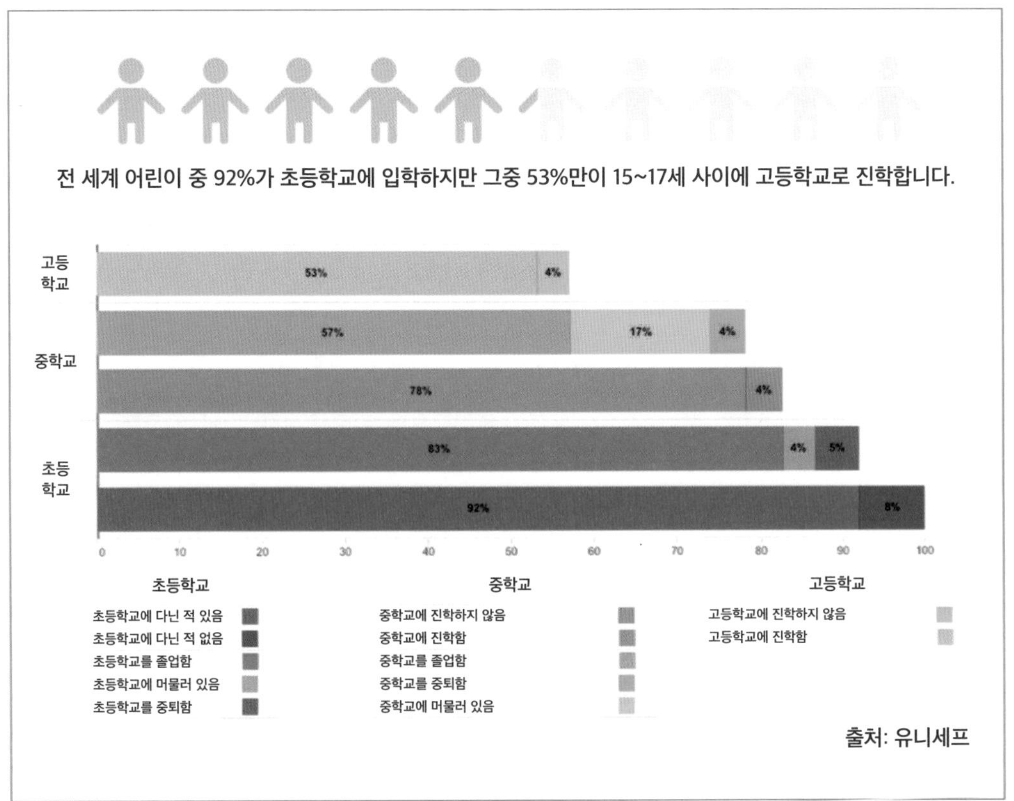

출처: 유니세프

① 그래프를 보면서 떠오른 질문들을 정리해 봅시다.

| 예 |

- 초등학교를 중퇴한 것에 어떤 이유가 있을까?
- 중학교를 졸업하지 않고 계속 머물러 있는 이유가 무엇일까?

② ①에서 정리한 질문을 친구들에게 공유하고 함께 답을 찾아봅시다.

양질의 교육

들여다보기

❖ **다음 자료를 보고, 교육이 중단되면 어떤 문제가 생길지 짐작해 봅시다.**

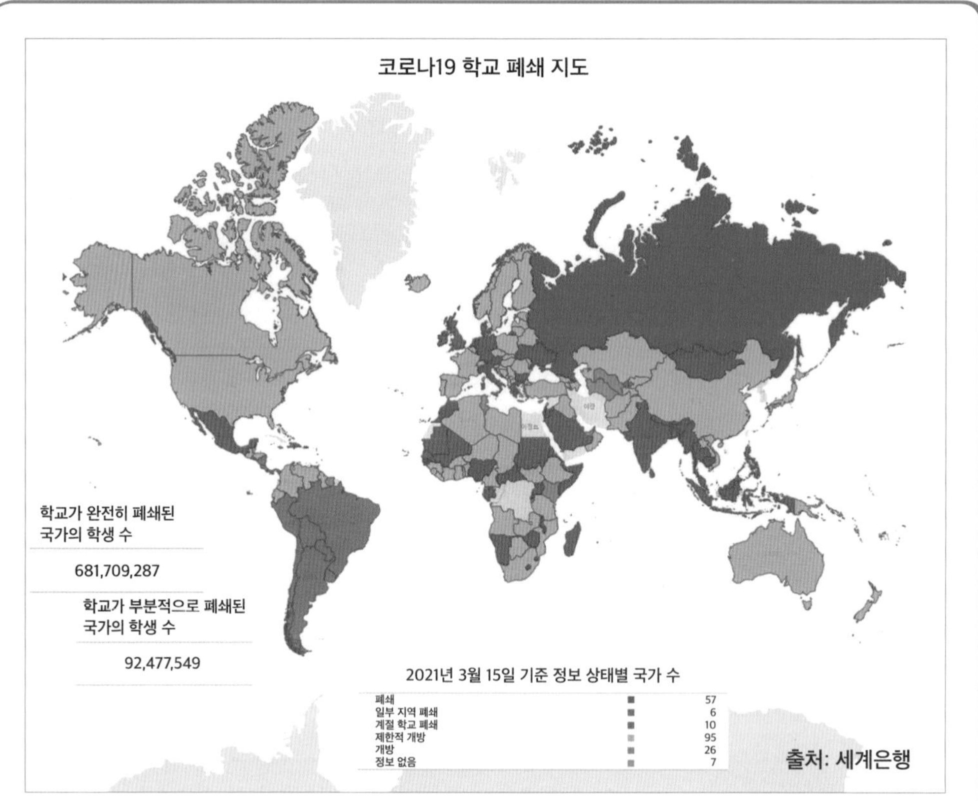

"학교 개방이 코로나19 확산에 주요 요인이 아니라는 다수의 증거에도 불구하고 너무 많은 국가에서 학교를 폐쇄했고, 폐쇄한 지 1년이 넘는 나라들도 있습니다. 코로나19 확산이 정점이었던 시기에는 전 세계 학생의 90%가 학교에 가지 못했고, 30% 이상의 학생은 원격 교육마저 받지 못했습니다. … 폐쇄 조치를 해제할 때는 개학을 가장 먼저 고려해야 합니다. 원격 교육을 받지 못한 어린이가 뒤처지지 않도록 보충 수업도 이뤄져야 합니다. 만약 어린이들이 또다시 1년간 학교에 가지 못한다면 그 피해는 이번 세대에서 끝나지 않을 것입니다."

- 2021년 1월 12일, 유니세프 사무총장 헨리에타 포어

① 유니세프 사무총장이 교육 중단 및 학교 폐쇄를 반대하는 이유가 무엇인지 말해 봅시다.

② 학교에 다닌다는 것, 교육을 받는다는 것은 나에게 어떤 의미인지 적어 봅시다.

③ 재해 등으로 교육이 중단되는 것이 장기적으로 어떤 영향을 미칠지 생각해 봅시다.

개인적 차원	사회적 차원	전 세계적 차원

양질의 교육

함께하기

1. 학교에 다니지 않는 청소년을 가상으로 인터뷰한 내용을 보고 제시된 활동을 해 봅시다.

저는 부모님과 7살 동생과 사는 14살 조시예요. 저는 초등학교 2학년까지만 학교에 다녔어요. 학교 대신 시장에 가서 엄마가 만드신 빵을 팔거나 땔감을 구하러 산에 가요. 학교에 다니는 친구들이 부럽지만 부모님을 돕지 않으면 가족들이 먹고살기 어렵기에 학교에 가고 싶다는 말은 하지 않아요.

저는 13살 라니아예요. 저는 첫째고 동생이 6명이나 있어 늘 바빠요. 매일 엄마를 도와 빨래, 요리, 설거지, 심부름을 하고 동생들을 돌보다 보면 하루가 금방 지나가요. 아빠는 첫째 딸인 제가 빨리 결혼해서 집에 도움이 되어야 한다고 늘 말씀하세요. 엄마는 절 학교에 보내고 싶어 하시지만 제가 집안일을 돕지 않으면 엄마 혼자 너무 힘드세요. 학교가 궁금하긴 해도 너무 멀기도 하고 오가는 길이 위험해서 다니기 힘들 것 같아요.

저는 15살 키시예요. 학교를 그만둔 지 3년 정도 되었어요. 공부도 재미없었고, 소수 민족 출신이라 학교에선 따돌림받고 심지어 맞은 적도 많아서 늘 학교를 그만두고 싶었어요. 초등학교를 졸업했지만 글쓰기나 계산은 어려워요. 동네 형 중에 고등학교를 나온 사람은 아무도 없고 직업이 있는 형도 없어요. 마을에서 할 수 있는 일이란 농사를 짓거나 중고 물건을 시장에서 파는 정도라 굳이 공부할 필요를 느끼는 애들이 거의 없어요.

① 세 청소년이 학교에 가지 않는 이유를 정리해 봅시다.

조시	
라니아	
키시	

② 세 청소년과 같은 처지에 있는 전 세계 청소년들이 학교에 다니며 교육을 받으려면 무엇이 필요할지 말해 봅시다.

③ 조시, 라니아, 키시 중 한 명을 고르고 그가 학교에 가서 교육을 받을 수 있도록 그 나라의 교육부 장관에게 편지를 써 봅시다.

2. 내일을 위한 다음의 목표를 이루기 위해 학교에서 어떤 교육이 이루어지면 좋을지 친구들과 이야기해 봅시다.

지속 가능한 발전, 지속 가능한 생활 양식, 인권 향상, 성평등, 평화와 비폭력 문화 확산, 세계 시민 의식 확산, 문화 다양성 존중

목표 중 가장 이루고 싶은 것이 무엇인가요?

교육을 통해 이루고 싶은 것이 구체적으로 무엇인가요?

구체적으로 무엇을 배우고 싶나요?

어떤 방식으로 배우고 싶나요?

01/24
세계 교육의 날

'세계 교육의 날'은 모든 이에게 포괄적이고 공평한 양질의 교육을 보장하고, 모든 사람을 위한 평생 학습의 기회가 많아져야 함을 강조하는 날입니다. 교육의 중요성을 알리고 그 의미를 생각하는 기회를 마련하기 위해 2018년 유엔 총회에서는 1월 24일을 세계 교육의 날로 선포했습니다.

코로나19 대유행으로 전 세계의 수많은 빈곤층 학생들은 학업을 중단할 수밖에 없었습니다. 코로나19 때문에 이루어진 휴교는 교육의 일시적 중단이 아니라 영구적 중단이라는 결과를 낳을 수 있다는 우려가 큽니다. 교육을 통해 빈곤을 극복하려는 노력이 물거품으로 돌아가지 않기를 바랍니다.

❖ 학생들이 학교가 아닌 일터로 내몰리지 않도록 모두를 위한 교육을 강조하는 내용의 표어를 만들어 봅시다.

SDGs 05

성평등

사진 속 카드의 기호는 무엇을 의미할까요?

▶▶ 다음 만화를 보고 수업에서 무엇을 배울지 생각해 봅시다.

성평등

다가서기

1. 다음 글을 읽고 사우디아라비아에서 일어나는 성차별에 대해 알아봅시다.

사우디아라비아에는 남성 후견인 제도가 있습니다. 이는 여성은 반드시 남편, 아들 혹은 아버지를 후견인으로 지정해야 한다는 것으로, 여성의 삶이 남성 후견인에 의해 결정되는 대표적인 성차별 제도라 하겠습니다.

후견인 제도 때문에 사우디아라비아 여성의 삶은 자유롭지 못한 경우가 많습니다. 사우디아라비아 여성이 결혼하려면 후견인의 동의가 필요하고, 직업이 안정적이지 않은 여성은 후견인 허락 없이 은행 계좌를 개설하거나 여권 등의 신분증을 발급받을 수 없어요. 심지어 자신의 생명이 달린 응급 상황에서도 남성 후견인의 동의를 거쳐야만 수술을 받을 수 있습니다.

일상생활에서도 심각한 성차별 상황을 쉽게 찾아볼 수 있습니다. 여성이 남성을 만나거나 대화하는 것은 극히 제한되어 있고 사우디아라비아 법정에서 여성의 증언은 남성 증언의 반만 인정되며 유산 상속에서도 딸은 아들의 반만 상속받는다고 해요. 여성은 혼자서 외출하기 어렵고 원하는 대로 옷을 입을 수도 없고요. 여성들은 공공장소에서 아바야라는 의복을 반드시 입어야 하는데, 최근에야 검정 외에 다른 색이 허용되었습니다. 2018년까지는 여성들이 자동차를 살 수는 있어도 운전은 할 수 없었어요. 여성이 이혼하는 경우 남자아이는 7살, 여자아이는 9살까지만 양육할 수 있습니다. 최근 사우디의 살만 왕과 무함마드 빈 살만 왕세자가 제도 개혁을 시도하고 있지만, 여전히 사우디아라비아에는 심각한 성차별의 문제가 존재합니다.

① 사우디아라비아 여성들이 일상에서 겪는 성차별 사례를 정리해 봅시다.

② 사우디아라비아 여성들의 삶에 대해 내 생각을 말해 봅시다.

③ 내가 사우디아라비아의 남성 혹은 여성이라고 가정하고 사우디아라비아 정부에 성차별 문제 해결을 위한 청원 글을 작성해 봅시다.

2. 전 세계의 성별 격차 지수를 나타낸 다음 지도를 보고 남성과 여성이 얼마나 평등한지 알아봅시다.

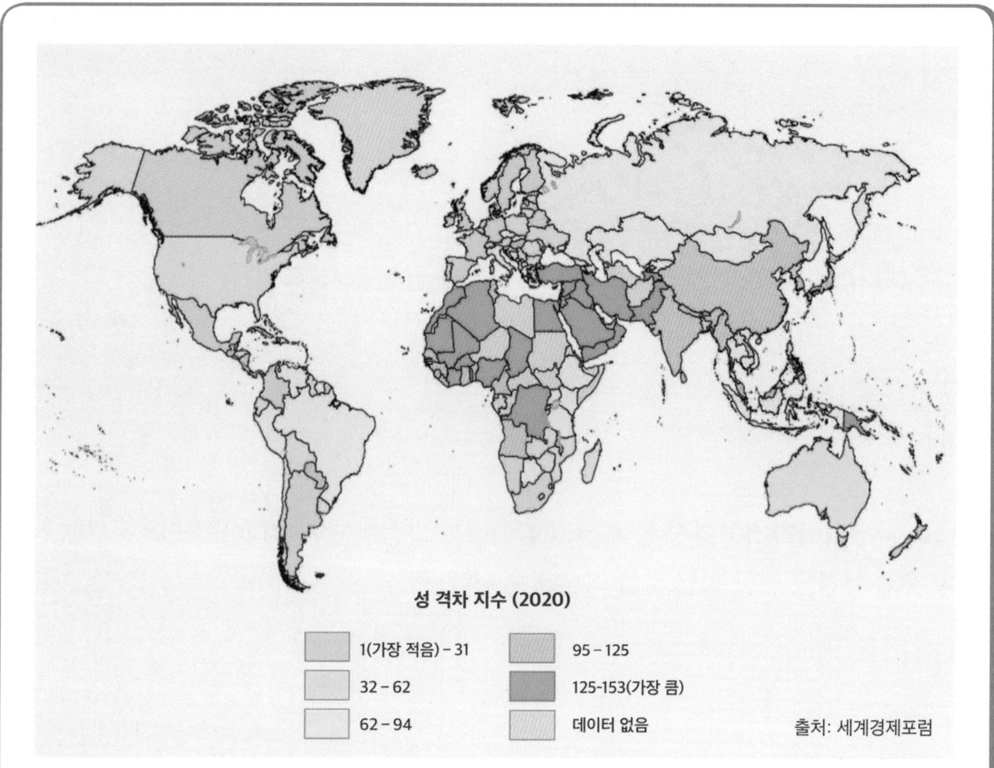

성 격차 지수는 2006년부터 세계경제포럼이 각국의 경제·정치·교육·건강 분야에서 성별에 따른 차별 여부를 측정해 발표하는 지수로, 수치가 낮을수록 남성과 여성의 성별 격차가 적은 나라입니다.

① 216~217쪽을 참고하여 성별 격차가 가장 적은 곳과 가장 큰 곳을 찾아봅시다.

② 우리나라의 성별 격차 지수는 95~125에 해당합니다. 이 지수가 나온 까닭을 찾아봅시다 .

3. 다음 사례를 다룬 기사에 달린 댓글을 살피며 젠더 갈등에 대해 살펴봅시다.

2021년 도쿄 올림픽에서 한 선수가 짧은 머리 스타일을 이유로 일부 네티즌의 악플에 시달린 사건이 있었습니다. 이는 곧 여성 혐오 대 남성 혐오의 대립 양상을 보이며 온라인을 뜨겁게 달구었습니다. 이처럼 젠더 갈등은 이념, 계층, 지역, 세대 간 갈등과 더불어 한국 사회의 새로운 갈등 요소로 작용하고 있으며, 합리적 논의가 아닌 자극적이고 차별적인 혐오가 중심이 된 소모적 갈등이 반복되는 양상을 보이고 있습니다.

① 인터넷에서 상반된 견해의 댓글을 찾아 적어 봅시다.

② 댓글을 비교해서 읽으면서 느끼거나 생각한 점을 적어 봅시다.

성평등

들여다보기

SDGs 05

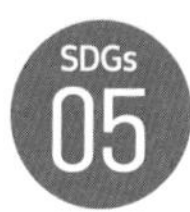

1. 미디어에 나타나는 성차별의 상황을 찾아 모니터 보고서를 작성해 봅시다.

보고서

■ 미디어 종류

• 신문(　) • 텔레비전(　) • 라디오(　) • 인터넷(　) • SNS(　) • 기타:

■ 프로그램(기사)명:

■ 보도 및 방영 일자:

■ 프로그램(보도) 주제:

■ 프로그램(보도) 내용:

■ 모니터링(성차별 사례 검토 의견):

2. 세계에서 벌어지는 젠더 기반 폭력에 대해 알아봅시다.

유엔은 여성에 대한 폭력이 인권의 문제일 뿐만 아니라 사회, 경제 발전을 저해하는 구조적인 문제라는 인식을 함께했습니다. 1979년 '여성에 대한 모든 형태의 차별 철폐 협약'을 채택했고, 1993년 '여성에 대한 폭력 철폐 선언'에서 처음으로 '젠더 기반 폭력(Gender Based Violence, GBV)'이란 용어를 사용하기 시작했습니다.

젠더 기반 폭력은 사회적으로 부여된 여성성과 남성성을 바탕으로 약자에게 가하는 폭력을 의미합니다. 따라서 남성도 젠더 기반 폭력의 피해자가 될 수 있습니다. 그러나 현실적으로 많은 국가에서 여성이 사회적 약자인 경우가 많아 젠더 기반 폭력의 피해자는 여성인 경우가 대부분입니다.

젠더 기반 폭력은 첫 번째로 성폭력, 성적 착취, 강요된 성매매, 인신매매처럼 여성에게 성적으로 가하는 폭력적 행위, 두 번째로 가정 폭력, 성기 절단, 지참금 살인, 명예 범죄같이 여성의 신체에 가해지는 폭력, 세 번째로 전쟁 무기로서의 강간 등 조직적이고 집단적인 폭력으로 구분할 수 있습니다.

젠더 기반 폭력은 성폭력과 물리적 폭력이 동시에 일어나는 형태로 발생하는 것이 일반적입니다. 특히 전쟁, 쿠데타 등 장기간 무력 갈등이 지속되는 국가에서는 폭력에 대한 민감성이 떨어지기 때문에 성폭력과 젠더 기반 폭력이 발생할 위험이 큽니다.

① 세계 곳곳에서 벌어지는 젠더 기반 폭력의 사례를 찾아서 발표해 봅시다.

② 친구들이 발표한 젠더 기반 폭력의 사례를 지도에 표시해 봅시다.

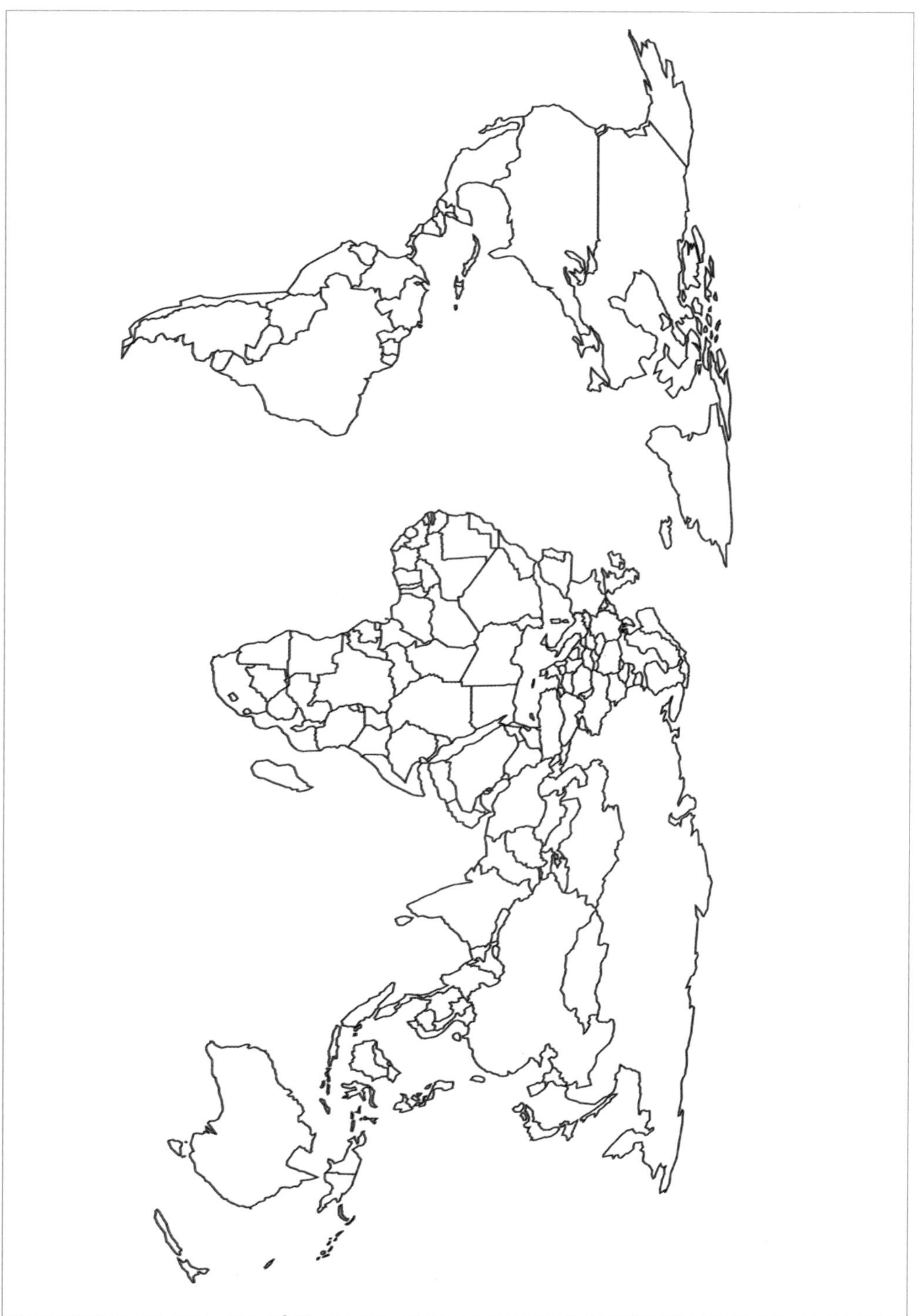

성평등

함께하기

1. 다음 글을 읽고 성평등 사회를 위한 성 인지 감수성의 중요성을 적어 봅시다.

'성 인지 감수성'은 성별 간의 불균형에 대한 이해와 지식을 갖춰 일상생활 속에서의 성차별적 요소를 감지해 내는 민감성을 뜻합니다. 성 인지 감수성은 여성과 남성 각각의 상황이 불편함은 없는지, 불평등한 것은 아닌지 고려하는 것입니다. 즉 성 인지 감수성은 성별에 따라 요구되는 것이 차별과 불평등을 초래할 수 있다고 느끼는 순간부터 시작해, 상황을 정확하게 이해하고 차별적인 문제의 본질을 잘 파악해 해결책을 만들어 실천하는 능력이라고 할 수 있습니다. 성 인지 감수성이란 말은 1995년 중국 베이징에서 열린 제4차 유엔 여성 대회에서 사용된 후 국제적으로 통용되기 시작했다고 합니다.

성 인지 감수성을 인식하기 시작한 우리 사회는 조금씩 달라지고 있습니다. 남자아이는 파란색이나 로봇, 여자아이는 분홍색이나 인형을 연상하는 것처럼 그간 당연하다고 생각했던 많은 부분이 조금씩 변하는 추세인데요. 초등학교 시절, 교과서에서 흔하게 봤던 그림 중 하나는 엄마는 요리를 하고 아빠는 직장에 나가는 모습이었습니다. 하지만 지금은 여학생들도 체육 시간에 축구를 하고 남학생들이 바느질을 배우기도 합니다. 남성과 여성이라는 성별보다 개인의 관심과 능력이 중요하다는 인식이 자리 잡기 시작하면서 사회생활 역시 변화했습니다. 성 인지 감수성은 결국 여성 혹은 남성이라는 이유로 불편이나 차별을 당하지 않을 수 있는 실질적 성평등 사회 실현을 위한 길입니다.

출처: 여성가족부

2. 다음 글을 읽고 이와 같은 기업의 변화에 대해 친구들과 이야기해 봅시다.

블록 제품 회사인 레고는 오랫동안 고정된 성 역할을 반영한 제품을 판매해 비난을 받은 바 있습니다. 레고 제품에서 경찰관이나 소방관을 비롯해 공사장 인부, 기관사, 거리의 행인 등 직업이 있는 역할은 모두 남자 캐릭터였습니다. 여자아이들을 겨냥한 레고 프렌즈 시리즈는 큰 인기를 끌었지만 성차별적 제품이란 비판을 받기도 했습니다. 레고 프렌즈의 주인공인 여자 캐릭터들은 집과 미용실, 쇼핑센터 등이 주 무대이며 옷, 가구, 건물 등 대부분이 보라색과 분홍색으로 되어 있습니다. 또한 얼굴보다 큰 립스틱과 빗을 들고 있는 여자 피규어는 몸의 움직임과 도구 사용이 자유로운 남자 피규어와 달리 매우 제한적으로만 움직일 수 있어 큰 차이를 보였습니다.

레고는 '성별에 대한 고정 관념 허물기'에 관심을 쏟고 있습니다. 이는 장난감을 둘러싼 성별 고정 관념이나 성차별적 요소에 대한 문제 제기가 활발히 이뤄지고 있기 때문입니다. 여자 레고 인형은 이제 집과 미용실을 벗어나 과학 기술 연구소, 우주 공간 등을 무대로 삼습니다. 「아이언 맨」, 「캡틴 아메리카」 영웅 액션 피규어는 남아용이고, 「겨울왕국」의 엘사 캐릭터 인형과 드레스는 여아용이라는 관념은 구식이 됐습니다. 많은 장난감 업체들이 성평등 또는 성 중립적 관점에서 제품을 생산하고 마케팅 전략을 혁신하고 있습니다.

이러한 변화에 대한
내 생각은 어떤가요?

기업들은 왜 이러한 변화를
추구했나요?

성평등 또는 성 중립적 관점에서 제품을 생산하고 마케팅 전략을 혁신하는 기업의 변화

이러한 변화는 어떤 결과를
가져올 수 있을까요?

우리나라에도
이런 사례가 있을까요?

3. 성 불평등의 문제 상황을 찾고 성인지 감수성 관점에서 문제를 해결할 방안을 떠올려 봅시다.

- **가정, 이웃, 학교 등 내 주변에서 발생하는 성 불평등 문제와 해결 방안**

- **사회에서 발생하는 성 불평등 문제와 해결 방안**

11/25

세계 여성 폭력 추방의 날

11월 25일은 '세계 여성 폭력 추방의 날'입니다. 1960년 11월 25일, 도미니카 공화국 미라발 가의 세 자매 파트리아, 미네르바, 마리아 테레사는 당시의 독재 정권에 맞서 크게 저항했습니다. 이에 독재자 라파엘 트루히요는 정보 요원을 보내 세 자매를 납치하고 살해했습니다. 1981년 라틴 아메리카의 여성 활동가들은 세 자매를 추모하기 위해 11월 25일을 세계 여성 폭력 추방의 날로 정했습니다.

1991년 미국 뉴저지주의 '여성의 국제 리더십을 위한 센터'에 모인 각국의 여성들이 '성폭력과 인권'에 대해 토론했고, 11월 25일부터 세계 인권의 날인 12월 10일까지를 세계 여성 폭력 추방 기간으로 정했습니다.

❖ 세계 여성 폭력 추방의 날의 의미를 전달하는 포털 사이트 로고를 만들어 봅시다.

SDGs 06

깨끗한 물과 위생

여러분은 물이 없다면 얼마나 살 수 있을 것 같나요?

▶▶ 다음 만화를 보고 수업에서 무엇을 배울지 생각해 봅시다.

깨끗한
물과 위생

다가서기

1. 다음 글을 읽고 물이 부족한 지역의 상황이 어떠한지 살펴봅시다.

북아프리카 지역에 사는 소녀 샤샤는 오늘도 학교에 가지 못했습니다. 물을 얻으러 집에서부터 걸어서 1시간 걸리는 강가로 떠나야 하기 때문입니다. 물을 떠 오는 일은 대부분 샤샤를 비롯한 여성들이 담당하는 일입니다. 요즘 물을 뜨러 가는 길에 나쁜 일을 당하는 사람들이 많다는 소문을 들어서인지, 샤샤는 오늘따라 물 길으러 가기가 무서웠습니다. 하지만 물을 떠 오지 않으면 샤샤의 가족이 생활하기 어렵기 때문에 어쩔 수 없이 강가로 떠나야 했습니다. 샤샤는 무거운 물을 들고 집까지 오느라 팔이 떨어질 것 같았습니다.

물을 길어 집으로 돌아왔더니 동생이 아파서 누워 있었습니다. 아마도 더러운 물 때문에 배앓이를 하는 것이겠지요. 2시간이나 걸려서 떠 온 물은 전혀 깨끗하지 않습니다. 오염된 물임을 알면서도 샤샤의 가족은 이 물을 마셔야만 합니다.

① 샤샤가 겪고 있는 문제 상황을 써 봅시다.

② 물이 부족하면 샤샤가 겪는 문제 외에 또 어떤 문제가 생길 수 있을지 생각해 봅시다.

2. 다음 글을 읽고 노상 배변을 하면 어떤 문제가 발생하는지 생각해 봅시다.

화장실에서 볼일을 보고 변기 레버를 내리면 물이 나옵니다. 우리에겐 별일이 아닌 일이 물이 부족한 곳에서는 참으로 '별일'입니다. 유니세프와 세계보건기구가 11월 19일 세계 화장실의 날을 맞아 발표한 『2020 세계 위생 보고서』에 따르면, 화장실이 없어서 야외에서 배변하는 인구가 2017년 기준 무려 6억 7,300만 명에 이릅니다.

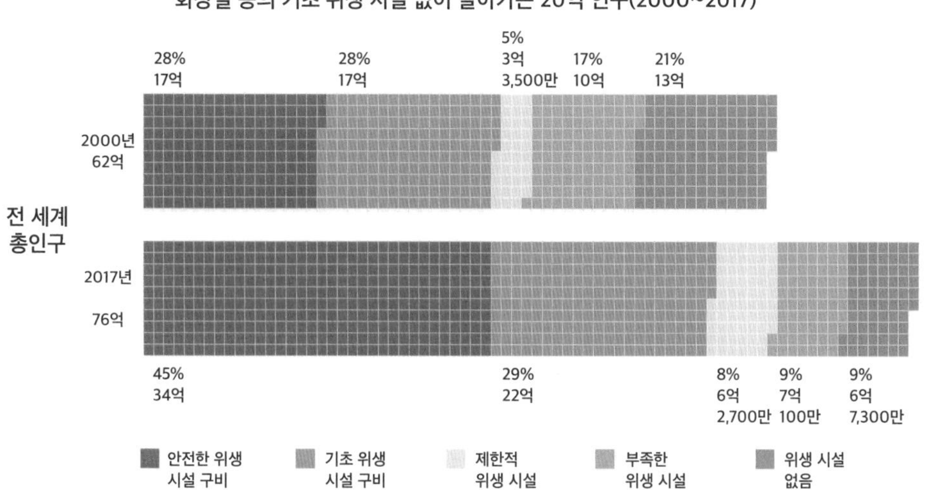

밖에서 볼일을 보면 어떤 문제가 생길까요? 먼저 용변이 강물 등으로 직접 유입되어 먹는 물이 오염됩니다. 오염된 물을 마시면 설사, 장티푸스, 콜레라 등과 같은 수인성 질병에 쉽게 노출됩니다. 수인성 질병은 물이 부족한 지역에 사는 5세 미만 아동의 주요 사망 원인입니다. 하루에 무려 800여 명의 5세 미만 아동이 수인성 질병으로 사망한다니 너무 놀라운 수치지요.

그뿐만이 아닙니다. 화장실이 없는 문제는 학교를 그만두는 원인이 되기도 합니다. 물이 부족한 지역에 사는 많은 수의 10대 여학생이 학업을 중단하고 있습니다. 생리 기간 중에 안전하고 깨끗하게 사용할 화장실이 없기 때문입니다.

3. 1, 2를 바탕으로 깨끗한 물이 부족하면 어떤 일이 발생할지 상상하며 생각을 연결해 봅시다.

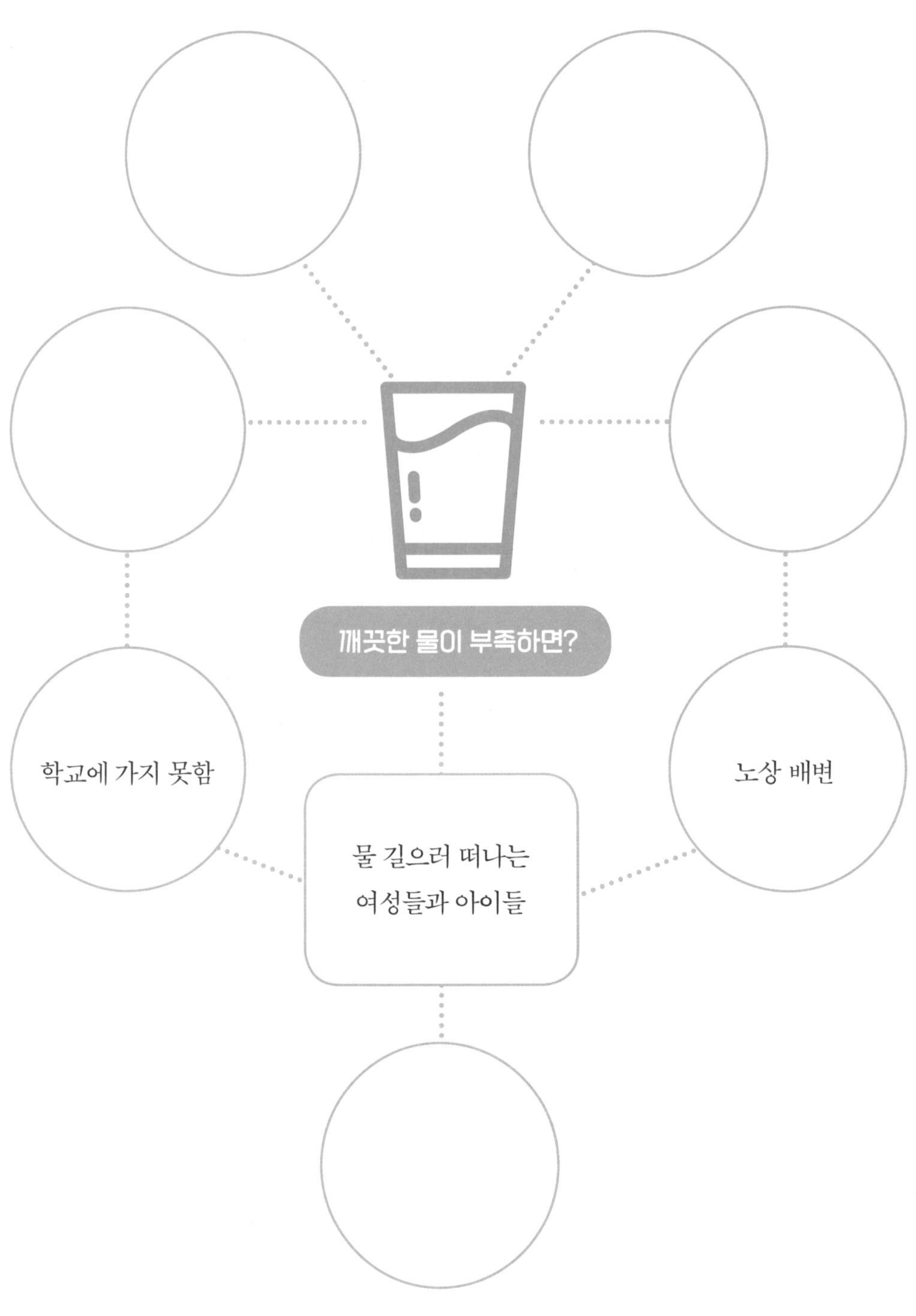

깨끗한
물과 위생

들여다보기

1. 다음 글을 읽고 케냐 사람들이 물 부족에서 벗어날 방안을 친구들과 이야기해 봅시다.

2월 14일 밸런타인데이가 되면 장미가 불티나게 팔립니다. 꼭 그날이 아니더라도 많은 사람이 사랑하는 사람에게 마음을 전할 때 장미를 건네주지요. 선진국의 기업들은 아프리카 등지에 장미 농장을 지었어요. 그중 케냐는 세계 최대의 장미 생산국이 되었습니다. 유럽에서 유통되는 장미 대부분이 케냐에서 온 것이라고 보아도 될 정도입니다. 그런데 아름다운 장미만큼 케냐 사람들의 삶도 장밋빛일까요?

케냐의 나이바샤 호수는 깨끗하고 드넓어서 지역 주민의 삶의 터전이었어요. 하지만 이곳에 장미 농장이 하나둘씩 들어서면서 주민들의 삶은 위기에 처했지요. 먼저 물이 턱없이 부족해졌습니다. 장미 농장의 스프링클러는 온종일 물을 뿌려요. 장미 한 송이를 키우는 데 물 10리터가 필요하다고 해요. 호수에 펌프를 대고 물을 어마어마하게 뽑아 가니 호수의 물이 줄어들 수밖에요. 장미 농장은 물과 펌프를 지키기 위해 경비원이 24시간 보초를 섭니다. 주민들은 물 한 통을 길기 위해 경비원의 엄한 눈초리를 받아야 하지요.

또 장미를 키우기 위해 사용하는 농약, 제초제가 호수로 흘러들어 물을 오염시켰습니다. 이로 인해 물고기의 수가 급격히 줄어드는 등 주변의 생태계가 파괴되었어요. 호수에서 물고기를 잡는 어부들의 생계는 어려워졌고, 오염된 호수의 물을 식수로 쓰면서 주민들의 건강도 나빠졌어요.

선진국은 장미처럼 물이 많이 필요한 작물을 재배하기 위해 케냐와 같은 다른 나라의 물을 사용하고 그 작물을 수입해서 자국의 물을 보존해요. 이 때문에 아프리카나 남미 지역의 주민들은 물 부족에 시달리지요. 아름다운 장미는 나이바샤 호수의 물만 빨아들이지 않습니다. 주민들의 눈물까지 빨아들이지요.

2. 다음 글과 지도를 보고 세계의 물 스트레스 상황에 대해서 살펴봅시다.

'물 스트레스'란 필요로 하는 물의 양을 1년간 쓸 수 있는 물의 양으로 나눈 수치입니다. 물 공급이 필요한 만큼 미치지 못해 문제가 발생하는 것이 물 스트레스입니다. 물 스트레스는 인간의 생명, 생계, 사업 안정에 심각한 위협이 됩니다. 인구 증가, 사회·경제적 발전으로 물 수요는 계속 증가하는데, 기후 변화는 강수량과 수요를 더욱 가변적으로 만들 수 있습니다. 다음은 물 스트레스 지수를 나타내는 세계 지도입니다.

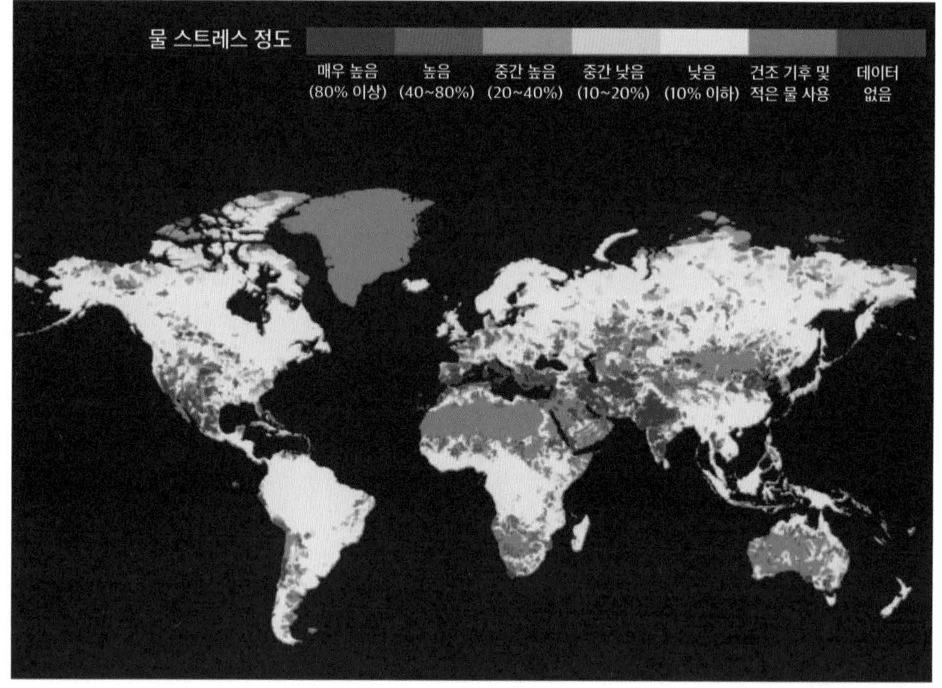

출처: 세계자원연구소

세계 인구의 4분의 1이 사는 17개 국가(12개의 중동 및 북아프리카 지역 국가와 인도 포함)는 관개 농업, 산업 및 국가 시설이 평균 물 공급량의 80% 이상을 사용하는 '매우 높음' 수준의 물 스트레스에 직면해 있습니다.

① 216~217쪽을 참고하여 물 스트레스가 심한 국가 중 한 곳을 고르고 해당 국가의 물 부족 문제를 다룬 기사를 스크랩해 봅시다.

② 대한민국은 물 스트레스 정도가 '중간 높음' 단계입니다. 이런 상황에 처한 이유가 무엇인지 알아봅시다.

깨끗한 물과 위생

함께하기

1. 내가 하루에 하는 일을 확인해 보고 물 발자국을 얼마나 남기는지 계산해 봅시다.

일어나서	식사 메뉴	
샤워 15분 하기 **180ℓ**	우유 1잔(250mℓ) **255ℓ**	감자(100g) **25ℓ**
변기 물 내리기 **22ℓ**	계란 1개(60g) **196ℓ**	소고기(1kg) **15,415ℓ**
수도꼭지 틀고 이 닦기(30초) **6ℓ**	사과 1개(300g) **210ℓ**	돼지고기(1kg) **5,988ℓ**
양치 컵 사용하기 **0.6ℓ**	쌀밥(200g) **460ℓ**	햄버거(150g) **2,400ℓ**

| 도움 |

물 발자국

상품을 생산, 사용하고 폐기하는 전 과정에서 필요한 물의 양으로, 물 발자국의 수치가 높을수록 사용된 물이 많다고 볼 수 있다.

식사 메뉴	학교에서	자기 전까지
초콜릿(50g) **860ℓ**	A4 용지 1장 쓰기 **10ℓ**	샤워 15분 하기 **180ℓ**
닭고기(1kg) **4,325ℓ**	수도꼭지 틀고 이 닦기(30초) **6ℓ**	변기 물 내리기 **22ℓ**
피자 1판 **1,269ℓ**	양치 컵 사용하기 **0.6ℓ**	수도꼭지 틀고 이 닦기(30초) **6ℓ**
빵(30g) **40ℓ**	버스 타고 이동하기(10km) **7.6ℓ**	양치 컵 사용하기 **0.6ℓ**

2. 다음 글을 읽고 물 문제에 우리의 책임과 역할이 있음을 알리는 카드 뉴스를 만들어 봅시다.

물 발자국은 물의 흐름을 볼 수 있는 지표입니다. 그렇다면 물 발자국이 가장 많이 찍히는 곳은 어디일까요? 아이러니하게도 물이 부족한 아프리카, 중남미 같은 곳이에요. 선진국은 케냐의 장미 농장 사례처럼 다른 나라에 있는 물을 이용해 생산물을 만들어 내고 소비하고 있습니다.

대한민국의 물 발자국은 78%가 국외에서 발생합니다. 우리는 알게 모르게 다른 나라의 물을 많이 사용하고 있는 거예요. 이와 같은 사실은 전 세계 물 부족 문제에 우리에게도 역할과 책임이 있다는 것을 말해 주지요.

3. 뱀 주사위 놀이를 하며 물 발자국을 줄이는 데 필요한 노력을 알아봅시다.

놀이 방법

❶ 가위바위보를 통해 게임 순서를 정한다.

❷ 하늘색 칸에는 물 발자국을 줄이기 위한 개인적, 사회적 노력을 적는다.

❸ 연두색 칸에는 물 발자국을 줄이는 데 도움이 되지 않는 일을 적는다.

❹ 주사위를 굴려 나온 숫자만큼 이동한다. 사다리가 나오면 위 칸으로 이동하고, 뱀의 꼬리가 나오면 아래 칸으로 이동한다.

❺ 먼저 '도착'까지 가는 사람이 이긴다.

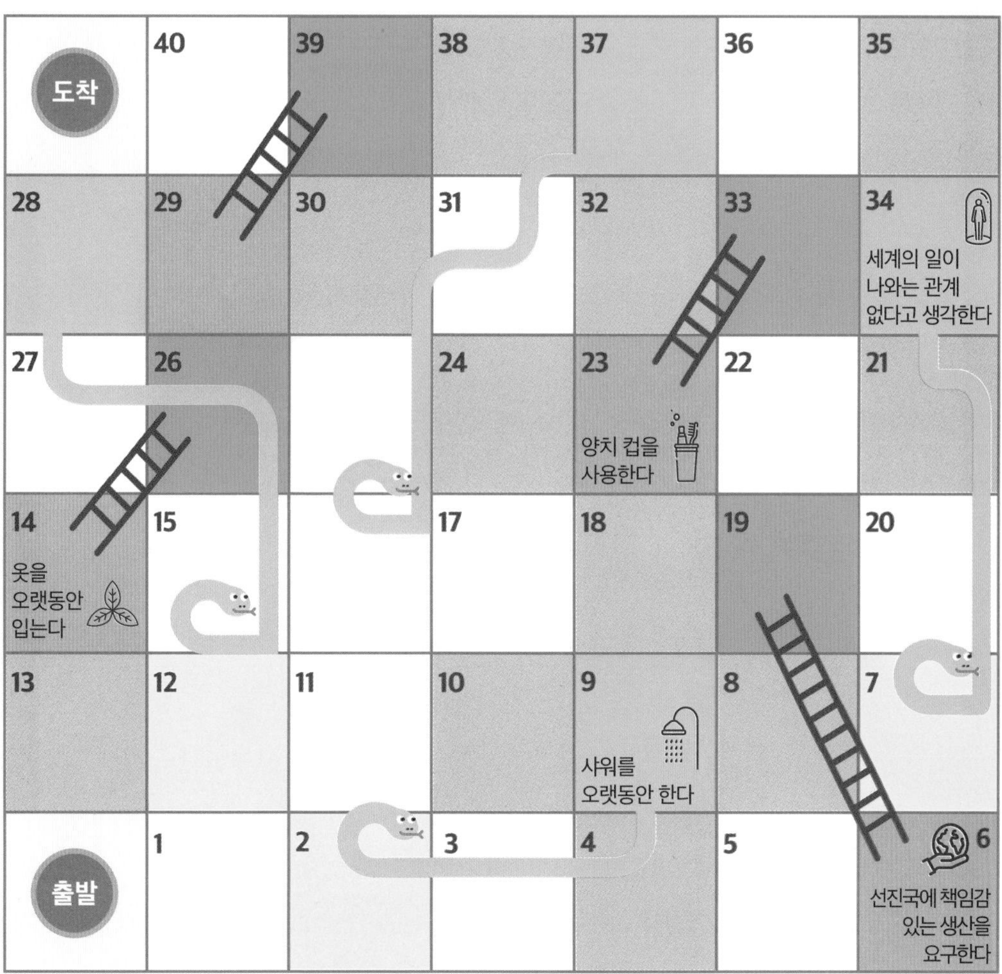

4. 물 발자국을 줄이기 위해 내가 실천할 수 있는 일을 써 봅시다. 일주일 동안 실천한 뒤에 인증 사진을 붙여 봅시다.

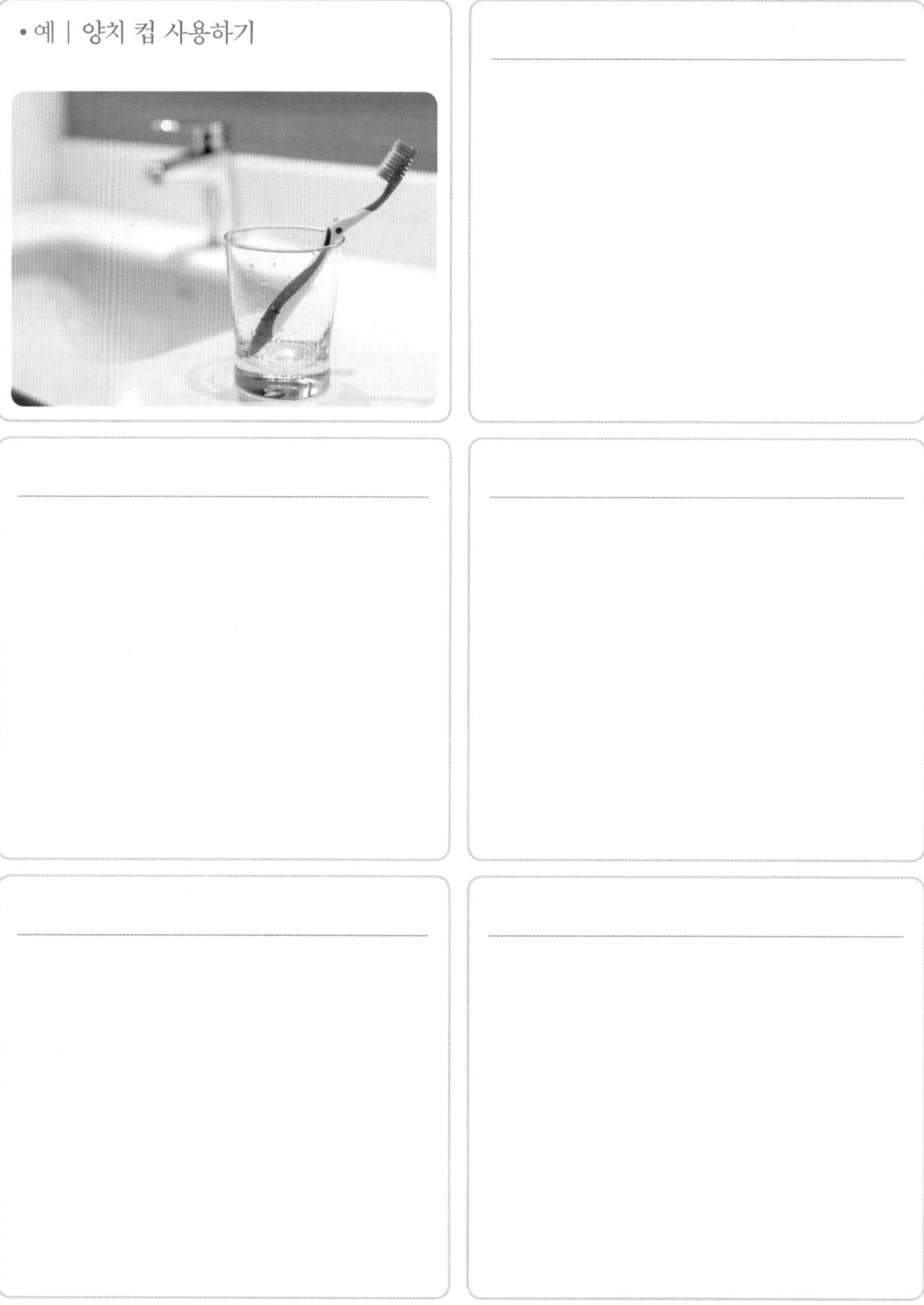

03/22

세계 물의 날

3월 22일은 '세계 물의 날'입니다. 이날은 물의 소중함을 알리고 물 문제로 어려움을 겪는 사람들에 대한 관심을 촉구하기 위해 1992년 유엔이 지정했습니다. 2021년 환경부는 세계 물의 날을 기념하여 물 1리터로 할 수 있는 일을 SNS에 공유하는 '1리터 챌린지'를 진행했습니다. 물의 가치와 소중함에 대해 생각해 보게끔 한 것이지요.

❖ **물 1리터로 내가 할 수 있는 일을 생각해 보고 SNS에 공유한 뒤, 함께할 친구들을 태그해 봅시다.**

나는 물 1리터로 ______________________ 까지 해 봤다!

할 수 있는 일

할 수 있는 일

할 수 있는 일

할 수 있는 일

SDGs 07

지속 가능한 청정 에너지

사진 속 아이콘은 어떤 에너지를 표현한 것일까요?

다음 만화를 보고 수업에서 무엇을 배울지 생각해 봅시다.

지속 가능한 청정 에너지

다가서기

1. 다음 글을 읽고 신재생 에너지에 대해 알아봅시다.

산업화가 진행되고 경제가 발전하면서 많이 쓰기 시작한 화석 연료는 현재까지 인류가 쓰는 가장 중요한 에너지 자원입니다. 하지만 전 세계적으로 에너지 사용량이 증가하면서 화석 연료의 고갈과 환경 오염 문제가 심각해지고 있습니다. 화석 연료의 매장량은 유한할 뿐만 아니라, 화석 연료를 태울 때 나오는 많은 양의 이산화탄소가 기후에 악영향을 미쳐 지구 온난화를 가속하기 때문입니다.

지구 온난화는 이상 기후, 연안 침식과 해수면 상승, 사막화와 기근, 난민 발생 등의 심각한 문제를 일으킵니다. 그래서 화석 연료의 사용을 줄이고 환경을 오염시키지 않는 대체 에너지, 즉 신재생 에너지를 개발해야 합니다. 신재생 에너지란 기존의 화석 연료를 변환해 이용하는 에너지입니다. 인류는 화석 연료의 의존도를 점차 줄이면서 환경에 영향을 미치지 않는 신재생 에너지를 계속 개발해 나가고 있습니다.

① 신재생 에너지가 필요한 이유를 정리해 봅시다.

② 신재생 에너지의 종류에는 어떤 것들이 있는지 찾아봅시다.

③ 대한민국은 신재생 에너지를 개발하기 위해 어떤 노력을 하고 있는지 알아봅시다.

2. 다음 지도를 보고 태양광 및 풍력 발전 시설 현황에 대해 알아봅시다.

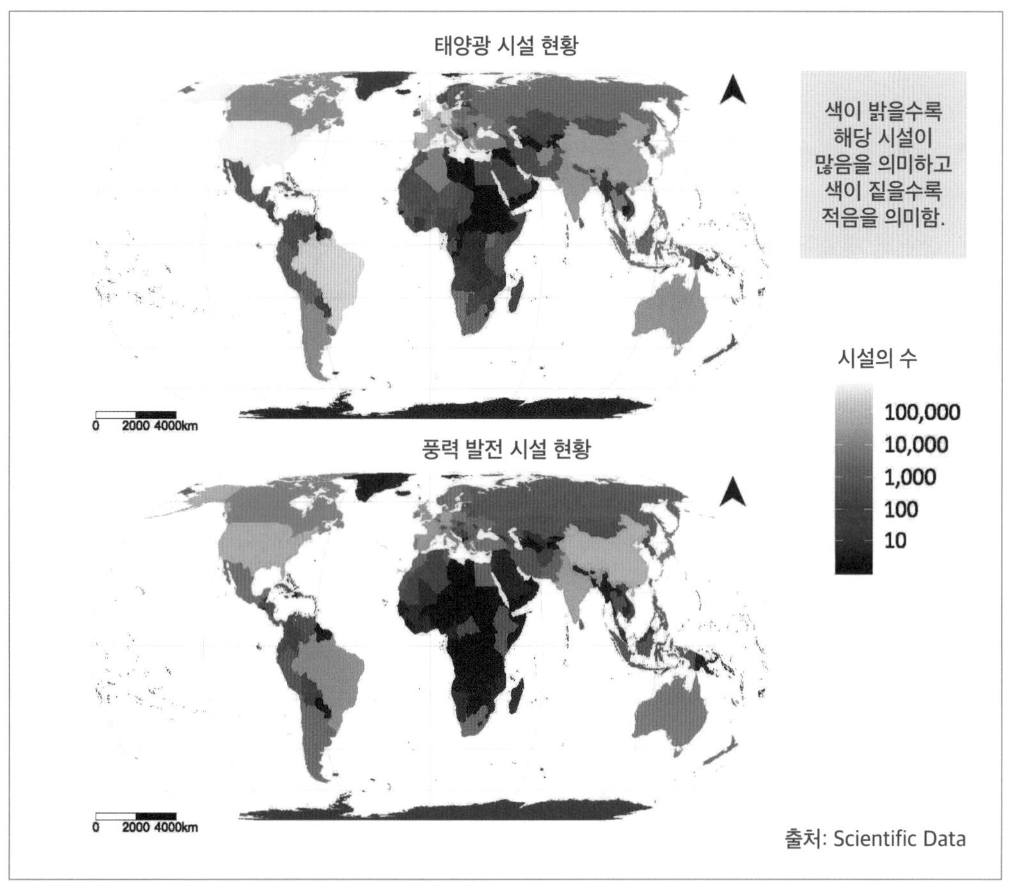

출처: Scientific Data

① 216~217쪽을 참고하여 이 지도에서 태양광과 풍력 발전 시설을 많이 설치한 지역을 찾고 그 이유가 무엇인지 조사해 봅시다.

② 태양광 및 풍력 발전 시설을 많이 설치하면 주변 환경에 어떤 영향을 주는지 파악해 봅시다.

지속 가능한
청정 에너지

들여다보기

1. 다음 글을 읽고 신재생 에너지의 이상과 현실을 살펴봅시다.

탈원전 정책은 원자력 발전소를 더 이상 사용하지 말자는 것입니다. 탈원전에 관한 주장은 1956년 영국에서 최초의 상업용 원전을 가동할 때부터 지금까지 꾸준히 제기되어 왔습니다. 탈원전을 지지하는 사람들은 원자력 발전이 친환경적인 에너지가 아니며, 통제할 수 있는 기술을 확보하지 못한 위험한 에너지라고 주장합니다.

우리나라의 탈원전 정책은 미국 스리마일섬 원자력 발전소 사고(1979년), 소련 체르노빌 원자력 발전소 사고(1986년), 일본 후쿠시마 제1 원자력 발전소 사고(2011년)의 영향을 받았습니다. 하지만 최근 탈원전을 내세웠던 정부가 전력 수급 안정을 위해 원전을 다시 가동하기로 했습니다. 많은 국가가 신재생 에너지 보급을 늘리기 위해 노력하고 있지만, 지금 당장 신재생 에너지로 완전히 전환하기에는 여러 문제가 있습니다.

첫째, 안정성의 문제입니다. 신재생 에너지는 아직 안전성에 대한 문제를 해결하지 못하고 있습니다. 태양광은 비가 오거나 눈이 오는 궂은 날씨에, 풍력은 바람이 불지 않는 날에 전력을 생산할 수 없습니다. 둘째, 수익성과 효율성의 문제입니다. 신재생 에너지 생산 비용은 꾸준히 늘어나고 있으며, 수익은 마이너스로 계속 악화하고 있습니다. 또한 신재생 에너지의 전력 효율은 극히 낮습니다. 이 밖에도 신재생 에너지 발전에 따른 자연 훼손, 전력 생산 가격 절감 등의 문제들을 해결하지 못하면 전력 시장에 혼란만 일으킬 것입니다.

① 다음 원자력 발전소 사고의 원인과 결과를 조사하고 느낀 점을 말해 봅시다.

1979년 미국 스리마일섬 원자력 발전소 사고

원인:

결과:

1986년 소련 체르노빌 원자력 발전소 사고

원인:

결과:

2011년 일본 후쿠시마 제1 원자력 발전소 사고

원인:

결과:

② 다음 신재생 에너지의 특징과 장단점을 조사해 봅시다.

태양 에너지

특징:

장단점:

수력 에너지

특징:

장단점:

풍력 에너지

특징:

장단점:

지열 에너지

특징:

장단점:

2. 1을 바탕으로 친구들과 찬반 토론을 해 봅시다.

논제	원자력 발전소는 폐기되어야 한다.	
찬성 측 모둠	주장	
	근거	
반대 측 모둠	주장	
	근거	

지속 가능한 청정 에너지

함께하기

1. 다음 글을 읽고 교실에서 '에너지 하베스팅'을 활용할 방법을 생각해 봅시다.

에너지 하베스팅(energy harvesting)이란 버려지는 에너지를 수집해 전기 에너지로 재활용하는 기술입니다. 집이나 사무실의 조명에서 나오는 빛 에너지, 인체의 운동 에너지, 자동차나 기차, 비행기 등이 작동할 때마다 나오는 열에너지를 수집해 전기로 바꿔 쓰는 것이 그 예입니다. 우리가 평소에 잘 의식하지 못하지만, 버려지는 에너지만 잘 모아도 전자 기기의 효율을 지금보다 훨씬 더 높일 수 있습니다.

① | 보기 |에서 재활용할 수 있는 에너지를 찾아봅시다.

| 보기 |

햇빛, 휴대폰 전자파, 산업 현장의 열에너지, 신체의 운동 에너지, 자동차 바퀴의 압력

② 우리 교실에서 에너지 하베스팅을 활용한다면 어디에 무엇을 설치할지 그림으로 표현하고 친구들에게 설명해 봅시다.

2. 다음 글을 참고하여 제로 에너지 학교를 만들어 봅시다.

제로 에너지 하우스란 외부에서 에너지를 공급받지 않고 자체적으로 에너지를 생산해 사용하고, 내부의 에너지가 외부로 유출되는 것을 차단해 에너지를 절약하는 친환경 건축물입니다. 철저하게 단열을 하고 자연 채광과 고효율 전등을 사용해 일상에서 낭비되는 에너지를 줄입니다. 즉 설계부터 에너지 효율을 높이고 에너지 소비는 조금만 하게 해야 합니다. 또한 건물 자체적으로 에너지를 생산할 장비를 갖추어야 합니다.

① 우리 학교에서 에너지가 가장 낭비되는 곳을 찾아 적어 봅시다.

② 내가 건축가라고 생각하고 우리 학교를 제로 에너지 학교로 만들기 위한 방법을 떠올려 봅시다.

3. 다음 글을 읽고 모저 램프를 만들어 봅시다.

필리핀은 많은 섬으로 이루어진 국가로 아직도 전기가 들어오지 않는 마을이 많아 해가 지면 사람들이 어둠 속에서 생활할 수밖에 없습니다. 이런 필리핀 마을에 아주 적은 비용으로 조명을 제공해 주는 프로젝트가 시작되었습니다. 개발자 알프레드 모저의 이름을 딴 '모저 램프'가 만들어진 것인데, 이 램프는 적정 기술로 만들었습니다.

적정 기술이란 그 기술이 사용되는 사회 공동체의 정치적, 문화적, 환경적 조건을 고려해 해당 지역에서 지속적으로 생산과 소비를 할 수 있도록 만든 기술을 말합니다.

모저는 쉽게 구할 수 있는 빈 페트병을 지붕에 끼워 페트병 외부에 노출된 태양 빛을 실내로 전달해 내부에 빛을 전해 주는 원리를 활용했습니다. 버려진 페트병들을 활용한 간단한 기술로 어둠 속에 있던 많은 마을에 실내조명이 보급되어 큰 편리를 누리게 되었습니다.

모저 램프 만드는 방법

❶ 재활용 페트병에 물을 가득 채운다.

❷ 표백제 10mℓ를 넣는다.

❸ 암전 상자에 구멍을 뚫고 병의 윗부분은 밖에 나오고, 병의 아랫부분은 안에 들어가게 끼운다.

❹ 빛이 들어가지 않게 페트병 주변을 검정 테이프로 밀봉한다.

❺ 햇빛이 잘 드는 곳에 암전 상자를 내놓는다.

① 암전 상자 안이 어떻게 보이는지 말해 봅시다.

② 모저 램프의 활용 방안에 대해 정리해 봅시다.

③ 모저 램프처럼 전기가 들어오지 않는 지역에 전기를 공급할 방법을 친구들과 함께 고민해 봅시다.

10/22

세계 에너지의 날

10월 22일은 '세계 에너지의 날'입니다. 이날은 2012년 세계에너지포럼에서 세계 에너지 사용량에 대한 경각심을 높이고, 전 세계의 탈탄소화 노력을 촉진하기 위해 제정했습니다. 세계 에너지의 날은 지속 가능성, 기후 변화, 탄소 배출량 감소, 환경 보호를 위해 자원 절약의 중요성에 대한 인식을 높이는 것을 목표로 합니다.

대한민국에서는 8월 22일을 에너지의 날로 기념하고 있는데요. 에너지의 중요성과 화석 연료의 과다한 사용으로 인한 지구 온난화 문제를 바라보는 인식을 제고하고 함께 에너지 절약에 동참하자는 취지로 만들어졌습니다. 전력 사용이 높은 여름철을 맞아 에어컨 끄기, 전등 끄기 등의 행사를 진행하기도 합니다.

❖ 세계 각국에서 벌이는 에너지 절약 노력과 에너지 정책을 찾아보고, 그중에서 가장 효과적이라고 생각하는 것을 골라 봅시다.

SDGs 08

좋은 일자리와 경제 성장

여러분은 미래에 어떤 일을 하고 싶나요?

▶▶ 다음 만화를 보고 수업에서 무엇을 배울지 생각해 봅시다.

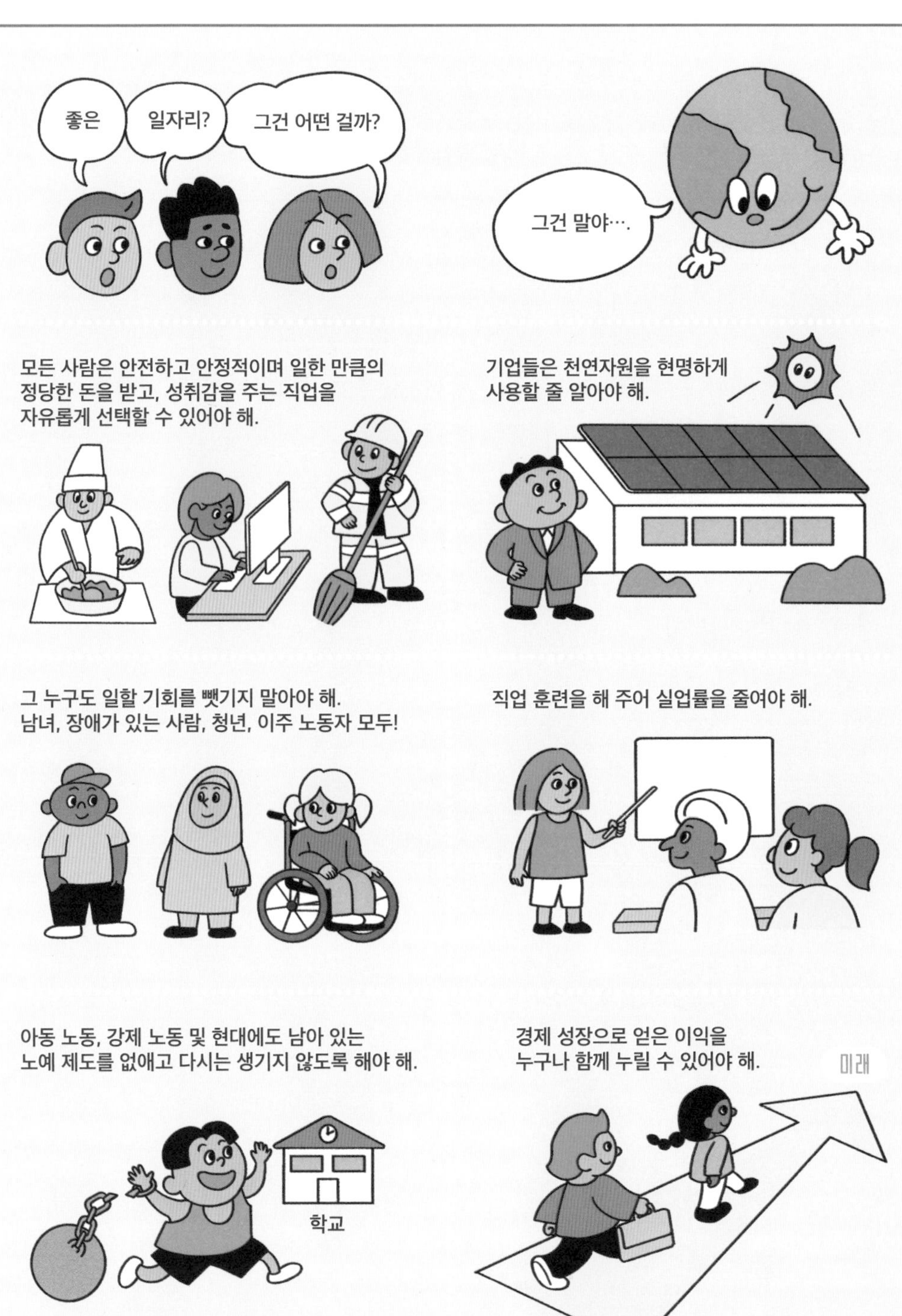

좋은 일자리와 경제 성장

다가서기

1. 다음 글을 읽고 일자리와 경제 성장의 관계에 대해 살펴봅시다.

전 세계 인구의 절반은 여전히 하루에 약 2달러의 돈으로 살아가며, 오랫동안 높은 실업률을 기록하고 있는 국가도 많습니다. 코로나19는 이를 더욱 악화시켜 전 세계 젊은 층의 6분의 1에 해당하는 사람들이 직업을 잃었고, 2020년 하반기 기준으로 약 4억 명이 실직의 위기에 처해 있습니다. 유엔에 따르면 2010~2018년 동안 세계적으로 평균 2%에 달했던 1인당 국내 총생산(GDP) 성장률이 2019년에는 1.5%, 2020년에는 -4.2%로 하락했습니다.

질 높은 삶을 누리려면 지속 가능한 성장이 필요합니다. 그리고 지속 가능한 경제 성장을 하기 위해서는 환경을 해치지 않으면서도 경제를 부양하는 좋은 일자리가 많은 사회가 되어야 합니다.

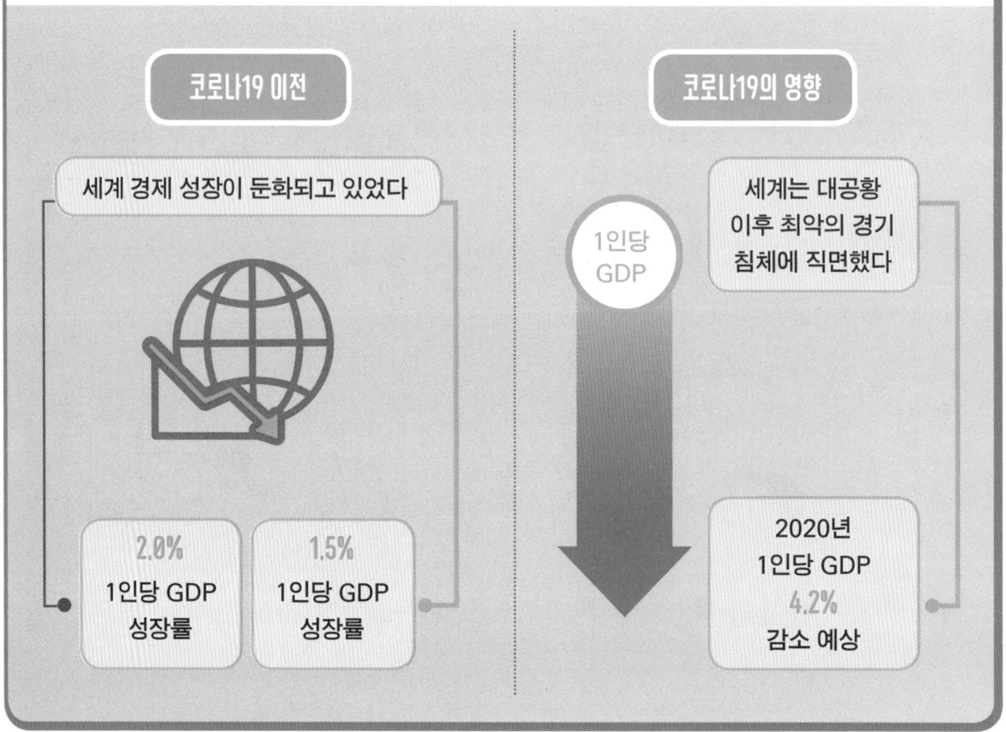

2. 다음은 좋은 일자리를 위해 보장받아야 하는 권리입니다. 우리 사회에서 이 권리가 잘 지켜지고 있으면 ○, 그렇지 않으면 ×를 표시해 봅시다.

일터에서의 권리	☐ 자유롭게 직업을 선택할 권리 ☐ 직업에 맞는 기술을 배우고 훈련받을 수 있는 권리 ☐ 누구나 자신이 원하는 직업을 가질 수 있는 권리 ☐ 직장에서 정치적, 경제적 자유를 가질 권리
공정하고 호의적인 조건의 일자리에 대한 권리	☐ 동일한 가치의 노동에 대한 공평한 보상을 받을 권리 ☐ 여성과 남성이 평등한 노동 조건을 가지는 권리 ☐ 공정한 승진 기회를 누릴 권리 ☐ 충분한 휴식과 여가를 누릴 권리 ☐ 양질의 삶을 위해 근무 시간을 조정할 수 있는 권리 ☐ 정당한 유급 휴가를 누릴 권리
조합 권리	☐ 노동조합을 형성하고 가입할 권리 ☐ 노동조합의 활동이 보장받을 수 있는 권리 ☐ 부당함에 맞서 파업할 권리
안전에 대한 권리	☐ 안전함을 누릴 권리 ☐ 보험에 가입될 권리
가정 권리	☐ 아동을 보육하고 교육하는 등 가정생활을 누릴 권리 ☐ 여성이 출산했을 때 충분히 휴식하고 보호받을 권리 ☐ 아동 및 청년이 경제적 · 사회적 착취에서 보호받을 권리
적절한 생계를 보장받을 권리	☐ 근로자와 그 가족이 의식주를 포함해 적절한 생계를 보장받을 권리 ☐ 지속적으로 보다 높은 수준의 생계를 보장받을 권리
건강에 대한 권리	☐ 위생적인 환경에서 노동할 권리 ☐ 산업 재해를 예방하고 치료받고 보상받을 수 있는 권리

3. 친구들과 함께 코로나19 확산 전후로 달라진 전 세계 1인당 국내 총생산(GDP)의 연간 성장률을 비교해 봅시다.

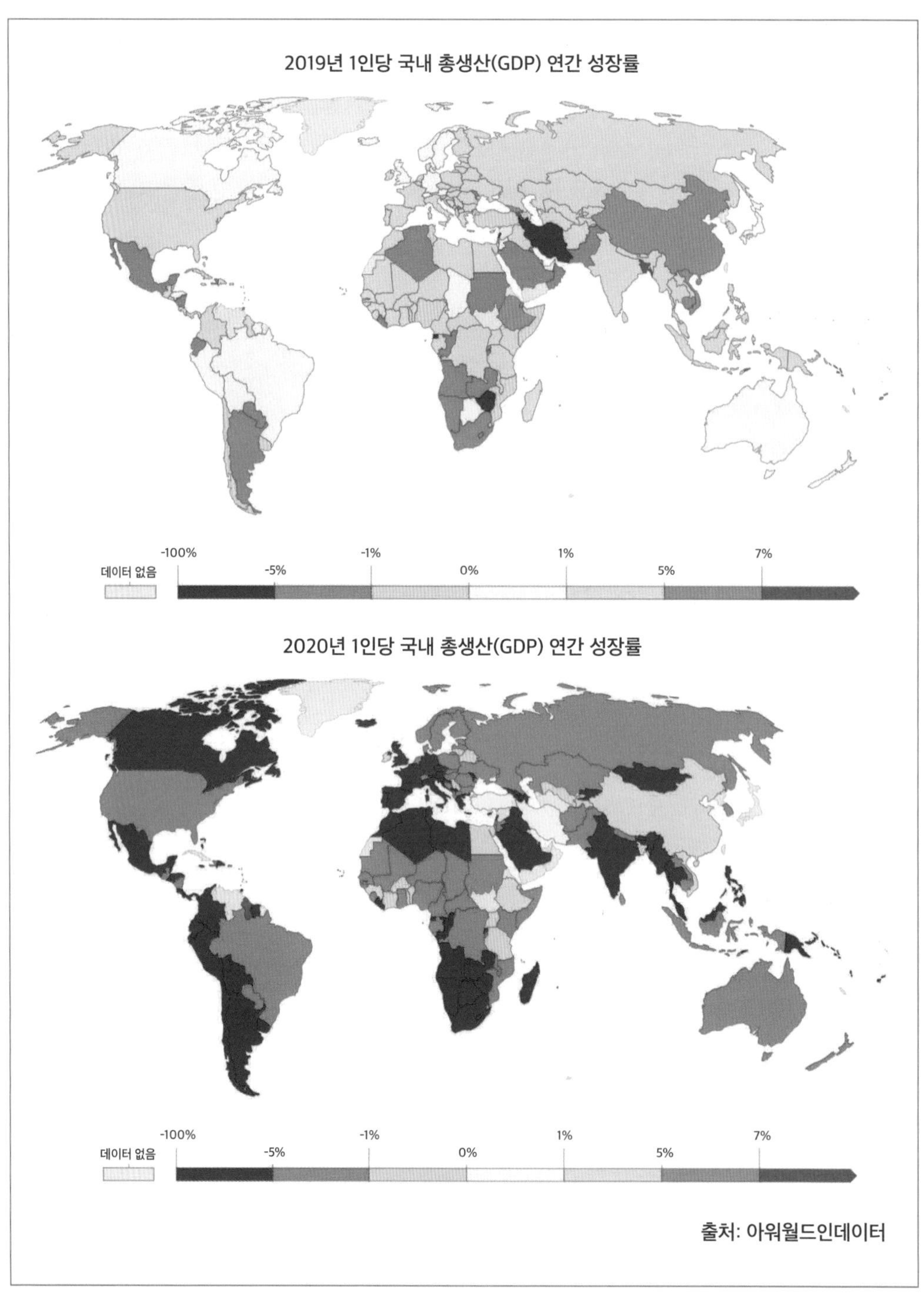

출처: 아워월드인데이터

① 216~217쪽을 참고하여 두 지도의 차이점을 찾아보고 모둠원들과 공유해 봅시다.

② 2019년 통계 지도에서 국내 총생산(GDP) 성장률이 저조한 국가의 공통점을 적어 봅시다.

③ 2019년과 2020년 사이에 큰 변화를 겪은 국가와 변화가 두드러지지 않은 국가를 찾아봅시다.

④ ③과 같은 현상이 나타난 다양한 원인에 대해 생각해 봅시다.

좋은 일자리와 경제 성장

들여다보기

1. 전 세계 사람들의 직업과 일자리에 영향을 미칠 수 있는 문제로 어떤 것이 있을지 친구들과 이야기하고, 나온 의견을 적어 봅시다.

국제노동기구는 지구 온난화로 2030년에는 전 세계적으로 8,000만 개의 일자리가 사라질 것으로 전망했습니다. 이는 지구 온난화에 따른 '열 스트레스(사람의 신체가 생리학적 손상을 겪을 정도의 열)' 증가가 원인인데, 열 스트레스는 주로 열대·아열대 지역에 집중되기 때문에 개발 도상국 내 농업, 건설업 등에 종사하는 근로자에게 큰 영향을 미칠 것으로 분석합니다. 이로 인해 남아시아와 동남아시아 등 농업을 주된 생계로 이어가는 국가에서 5,600만 개의 일자리가 감소할 것으로 예측하며 대한민국도 2만 1,000명이 일자리를 잃을 가능성이 있습니다. 이에 대한 대책으로 국제노동기구는 녹색 산업 육성과 더불어 농업을 산업이나 서비스 부문 등으로 전환하는 경제적 구조 변환 등을 제시하고 있습니다.

출처: 국제노동기구 보고서

2. 코로나19로 전 세계의 일자리가 어떻게 변화했는지 알아봅시다.

국제노동기구는 2021년 보고서를 통해 코로나19로 지구촌의 일자리가 심각한 위기 상황에 놓였다고 밝혔습니다. 2021년 전 세계 노동 인구(15~64세)의 근로 시간은 코로나19 대유행 이전인 2019년과 비교해 4.3%가량 감소했으며, 이는 정규직 일자리 약 1억 2,500만 개에 해당하는 수치입니다.

노동 시장에서도 국가 간 빈부 격차는 뚜렷이 나타나는데, 고소득 국가는 근로 시간이 2019년 대비 3.6% 감소했지만 중저소득 국가는 이보다 2배가 넘는 7.3%가 감소해 더 큰 영향을 받았음을 보여 줍니다.

국제노동기구는 선진국과 개발 도상국이 노동 시장에서 회복 속도에 큰 차이를 보이는 것은 세계 경제를 위협하는 심각한 문제라고 지적하며, 전 세계가 함께 재정 및 기술적 지원에 힘을 모아 노동 시장을 회복하는 데 노력해야 한다고 강조했습니다.

출처: 국제노동기구 보고서

① 코로나19로 사라지거나 줄어든 일자리는 어떤 것들이 있는지 조사하고 그 결과를 친구들에게 공유해 봅시다.

② 이 글과 같은 현상으로 일자리가 줄어들면 어떤 일이 벌어질지 예측해 봅시다.

개인	지역 사회
국가	세계

3. 다음 글을 참고하여 제시된 직원 모집 공고의 각 항목이 차별적인지 판단하고 그렇게 판단한 이유를 말해 봅시다.

일반적으로 고용 및 노동에서의 차별은 특정한 집단에 속하는 사람들이 그 사람의 능력과 업무 등에 따라 보장되어야 하는 대우를 제대로 받지 못하는 것을 뜻합니다. 특정한 집단에 속하는 사람들은 사회 경제적 약자 및 소수자로 노인, 청소년, 여성, 장애인, 탈북 이주민, 이주 노동자, 비정규직 등을 들 수 있습니다. 이들은 다른 사람들과 같은 강도의 일과 역할을 수행하면서도 이들이 가진 성, 인종, 민족, 나이, 출신 등의 특성 때문에 종종 불공평한 대우를 받습니다.

동일 업무를 하는데 임금이 다른 경우, 개인의 특성 때문에 차별적으로 업무가 배정되는 경우, 채용 및 고용 과정에서 개인의 특성 때문에 배제되는 경우 등도 차별과 불평등에 해당합니다. 이 외에도 승진이나 해고, 교육 훈련, 복지 혜택 등에서도 차별과 불평등 현상이 일어나곤 합니다.

차별이다

차별일 수도 아닐 수도 있다

차별이 아니다

함께 일할 직원을 모집합니다

굴삭기 운전

- ☐ 남성 환영
- ☐ 병역을 마친 자
- ☐ 굴삭기 운전 기능사 자격증 보유
- ☐ 서울 소재 대학 졸업자
- ☐ 베트남어 능통자
- ☐ 기독교 및 천주교 신자 우대

비서직

- ☐ 여성
- ☐ 22세 이상 30세 미만
- ☐ 키 165cm 이상, 몸무게 50kg 이하
- ☐ 결혼하지 않은 자에 한함
- ☐ 비서 1급 자격증 보유
- ☐ 고객 응대 업종 경력자

4. 노동 현장에서 벌어지는 차별과 불평등 상황에 대해 고민해 봅시다.

① 다음 글을 읽고 대한민국에서 발생한 산업 재해 관련 기사를 찾아서 요약해 봅시다.

국제노동기구에 따르면 전 세계적으로 매일 평균 1,000명이 산업 재해로 사망하고, 6,500명이 직업과 관련된 질병으로 사망합니다. 이 둘을 합치면 하루에 7,500명이 직업과 관련된 사고나 질병으로 사망하는 것으로, 이는 전 세계 사망의 5~7%에 해당하는 수치입니다. 2017년에는 근로자 278만 명이 직업 관련 재해와 질병으로 사망했습니다. 불안정한 노동 형태, 열악한 노동 환경, 장시간 노동 등이 사망의 주요 원인으로 지적됩니다.

(　　　) 신문 (　　　) 년 (　　　) 월 (　　　) 일 자

• 기사 제목:

② 다음 자료를 보고 현대판 노예 제도의 개념 및 유형을 찾아봅시다.

수치

4,000만 명이 현대 노예의 피해자였습니다.
여기에는
- 강제로 일하는 사람이 2,500만 명
- 강제로 결혼한 사람이 1,500만 명이 있습니다.

발생률

2016년에는 전 세계 인구 1,000명당 5.4명꼴로 현대판 노예의 피해자가 있었습니다. 성인은 1,000명당 5.9명, 아이는 1,000명당 4.4명이 희생되었습니다.

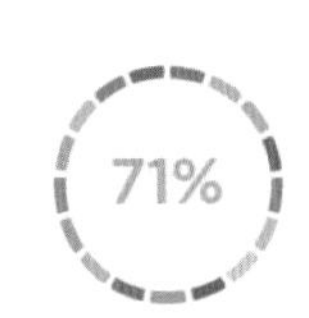

성별

현대판 노예 피해자의 71%는 여성과 소녀였습니다.

채무로 인한 속박

채무로 인한 속박은 강제 노동의 희생자 중 절반에 영향을 미쳤습니다.

어린이

현대 노예제의 희생자 4분의 1이 어린이였습니다.

③ 노동을 인권의 문제로 볼 수 있는 이유가 무엇인지 내 생각을 말해 봅시다.

함께하기

1. 지금까지의 활동을 바탕으로 내가 생각하는 좋은 일자리란 무엇인지 적어 보고 친구들과 이야기해 봅시다.

내 생각	
________의 생각	
________의 생각	
________의 생각	
________의 생각	

2. 1을 바탕으로 좋은 일자리의 조건을 정리해 봅시다. 그리고 이에 해당하는 이미지를 찾아서 빈칸에 붙여 봅시다.

활동 유의 사항

- 1에서 모둠원들이 이야기한 내용을 반영합니다.
- 일자리가 지니는 다양한 가치가 담겨 있도록 고민하며 합니다.
- 다양한 조건 중 우선순위에 해당하는 이미지를 찾습니다.
- 이미지를 찾지 못하면 그림을 그려서 표현해도 좋습니다.

04/28

세계 산업 안전 보건의 날

4월 28일은 '세계 산업 안전 보건의 날'입니다. 이날은 산업 재해 및 질병으로 희생된 사람들을 추모하기 위해 1989년에 미국과 캐나다의 근로자들이 시작했던 '근로자 추모의 날'을 바탕으로 합니다. 이후 국제노동기구가 2003년 세계 산업 안전 보건의 날을 지정했으며, 오늘날 100여 국가에서 기념일로 기리고 있습니다.

세계 산업 안전 보건의 날에는 산업 재해와 질병 문제의 심각성을 알리고, 직장이나 산업체에서의 사고와 질병을 예방해 사망자와 부상자를 줄이려는 다양한 활동이 이루어지고 있습니다.

❖ 세계 산업 안전 보건의 날을 기념하는 캠페인용 배너를 제작해 봅시다.

SDGs 09

산업, 혁신과 사회 기반 시설

여러분이 살아가는 이 사회는 미래에 어떻게 달라질까요?

다음 만화를 보고 수업에서 무엇을 배울지 생각해 봅시다.

다가서기

1. 다음 글을 읽고 앞으로 물류 산업에서 어떤 기술이 발전할지 예상해 봅시다.

중국의 최대 전자 상거래 업체 알리바바는 물류 네트워크 플랫폼인 차이냐오를 설립해 넓은 중국에서 택배를 빠르게 배송하기 위한 스마트 물류 구축에 힘쓰고 있습니다.

차이냐오는 인터넷 주문을 받으면 인공 지능이 빅 데이터 시스템을 분석해 어느 지역의 창고에서 어떤 택배 회사를 거쳐 소비자에게 가장 빨리 전달할 수 있을지 분석해서, 단시간 내에 물건을 포장하고 배송합니다.

실제 2018년 중국 최대의 쇼핑 명절인 솽스이 당일에는 차이냐오에 접수된 주문량이 10억 건이 넘었으나 스마트 물류를 통해 일주일 안에 모든 상품을 배송했고, 2019년에는 12억 건 이상의 주문량을 소화해 냈습니다. 이처럼 차이냐오를 비롯한 주요 물류 기업들은 매해 늘어나는 물류량을 처리하기 위해 인공 지능, 블록체인, 로봇, 자동화 장비 등 스마트 물류 개발에 투자를 더욱 확대하고 있습니다.

2. 다음 그래프를 보고 전 세계의 인터넷 활용 실태에 대해 알아봅시다.

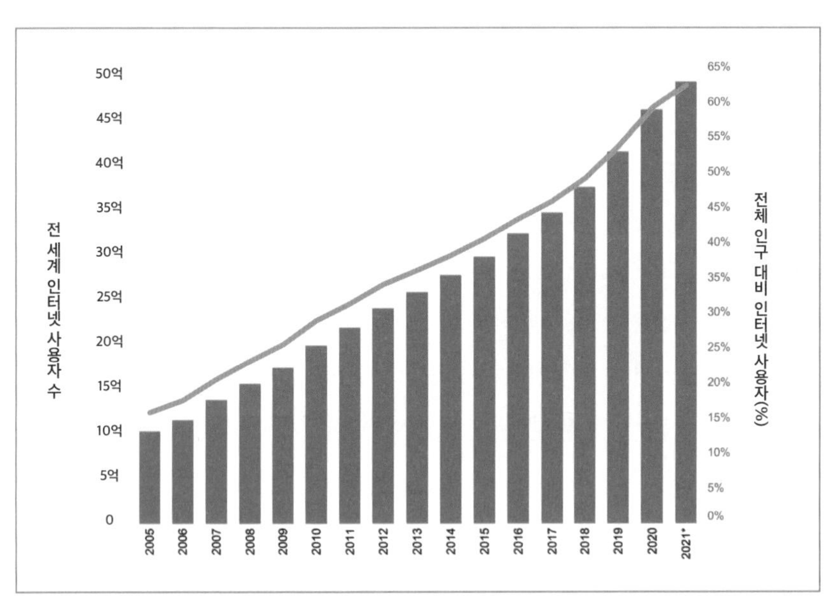

전 세계 인터넷 사용자 수는 코로나19 기간에 크게 늘어나, 2019년 전 세계 인구의 54%인 41억 명이었던 숫자가 2021년에는 63%인 49억 명을 기록했습니다. 그러나 29억 명은 여전히 인터넷을 사용해 본 적이 없는 것으로 추산되며, 이 중 96%는 개발도상국에 거주하고 있습니다.

출처: 국제전기통신연합

① 인터넷 사용 인구가 코로나19 기간에 급격히 늘어난 이유를 말해 봅시다.

② 인터넷을 쓸 수 없는 삶과 쓸 수 있는 삶은 어떻게 다를지 짐작해 봅시다.

산업, 혁신과 사회 기반 시설

들여다보기

SDGs 09

1. 다음 글을 읽고 적정 기술에 대해 알아봅시다.

그간 선진국에서는 과학 기술의 혜택을 받지 못하는 개발 도상국을 대상으로 기술을 전수하거나 제공해 주었습니다. 그런데 선진국과 개발 도상국의 상황이 달랐기에 좋은 의도가 긍정적인 결과만을 가져오지는 않았습니다. 개발 도상국은 선진국만큼 사회 기반 시설을 갖추지 못했기에 선진국의 기술이 쓸모없기도 했지요. 따라서 현지의 상황을 충분히 고려해 사람들이 쉽게 이용할 수 있는 재료와 기술을 이용하는 것이 중요합니다.

적정 기술은 그 기술이 사용되는 사회의 정치·문화·환경적 조건을 고려해 해당 지역에서 지속 가능한 생산과 소비를 할 수 있도록 만들어진 기술을 말합니다. 적정 기술의 사례 2가지를 살펴볼까요?

사례 1 **바람을 길들인 풍차 소년**

홍수에 이은 가뭄으로 흉작이 들어 마을 전체에 기근이 닥친 말라위 사람들은 굶주림에 시달렸습니다. 윌리엄 캄쾀바라는 소년은 학비가 없어 학교를 중퇴해야 했지만 학업에 대한 열망을 놓지 않았고, 도서관에서 에너지와 관련된 책을 읽으며 풍력 에너지를 전기 에너지로 전환하는 방법을 공부하고 연구했습니다. 폐기물 쓰레기장에서 필요한 장비를 구한 윌리엄 캄쾀바는 마을에 풍차를 만들었고, 바람에 풍차가 돌며 충전된 에너지로 마을에 물과 전기를 공급할 수 있었습니다.

사례 2 생명의 빨대(life straw)

개발 도상국의 많은 사람은 아직도 오염된 강이나 저수지에서 물을 길어다 마십니다. 이 때문에 하루에도 수만 명의 사람이 목숨을 잃지만 지하수 시설이나 정수 장치는 관리 비용이 만만치 않아 설치하기 어렵습니다. '생명의 빨대'는 이러한 문제를 해결하기 위해 빨대 속에 필터를 설치해 수질이 나쁜 물을 정화할 수 있게 했습니다.

① 적정 기술의 성공 사례와 실패 사례를 조사해 봅시다.

	성공 사례	실패 사례
적정 기술의 이름이 무엇인가요?		
무엇을 위해 만든 기술인가요?		
성공(실패)한 이유가 무엇인가요?		

② 적정 기술이 성공하려면 어떤 조건이 필요할지 말해 봅시다.

2. 다음 사례를 참고하여 일상에서 느꼈던 불편함을 해결해 봅시다.

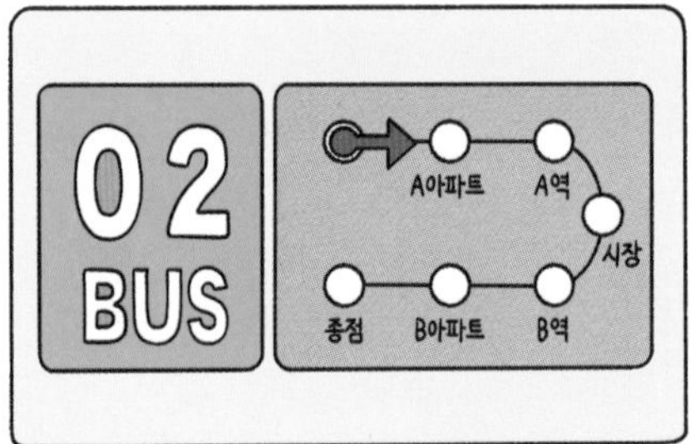

버스 노선 안내판의 붉은 화살표

한 시민은 버스 노선 안내판에 버스의 이동 방향 표시가 없어서 불편함을 느꼈어요. 화살표 스티커를 직접 사서 서울 시내의 버스 정류장을 돌아다니며 방향 표시가 없는 정류장에 화살표 스티커를 붙였다고 합니다.

도로 위 주행 유도선

2011년 설치한 도로 주행 유도선은 운전자에게 진행 방향 경로를 쉽게 안내하려고 만들었어요. 갈라지는 차로가 한 방향이면 분홍색, 두 방향이면 초록색 차선으로 갑작스러운 차로 변경을 예방해 운전자의 안전한 길잡이 역할을 합니다.

스마트 그늘막

무더운 여름, 횡단보도 앞에서 태양을 막아 주는 그늘막이 똑똑하게 진화했습니다. 사물 인터넷 센서로 온도와 바람의 세기를 분석해 태양광 전력으로 기온이 15도 이상이면 자동으로 펼쳐지고, 15도 이하가 되면 접힙니다.

① 3가지 사례가 만들어진 공통적인 목적을 말해 봅시다.

② 일상에서 불편함을 느꼈던 여러 경험을 친구들과 이야기해 봅시다.

③ ②에서 공유한 경험 중에서 하나를 골라 이를 해결하기 위한 아이디어를 모아 봅시다.

3. 다음 글을 읽고 공유 경제의 장단점에 대해 살펴봅시다.

공유 경제는 생산된 제품을 여럿이 공유하는 협력적 소비를 기본으로 하는 경제 방식을 뜻합니다. 물건, 공간, 재능, 경험 등을 개인이 소유하는 데 그치지 않고 필요한 만큼 빌려 쓰고, 자신이 필요 없는 경우 다른 사람에게 빌려주는 것입니다.

공유 경제는 자원을 절약하고 비용을 아끼고 무분별한 소비를 줄이며 환경을 보호할 수 있는 장점이 있습니다. 따라서 자원이 부족하고 인구가 밀집된 대도시의 여러 문제를 해결할 것으로 주목받고 있습니다. 공유 경제는 자전거, 숙박, 사무실, 생활 서비스, 교통 차량, 지식 공유 등으로 점차 영역을 넓혀 가고 있는데, 최근 중국에서는 자전거, 농구공은 물론, 세탁기 등의 가전제품도 공유 서비스로 확장되었습니다.

① 우리 주변의 공유 서비스가 내 삶에 어떤 도움을 주는지 말해 봅시다.

② 다음 사례를 참고하여 공유 경제의 양면성에 대해 생각해 봅시다.

배달 앱이 생기면서 주문이 편해지긴 했는데,
배달 수수료가 너무 비싸 이용하는 것이 점점 부담스러워.

공유 자전거나 자동차는 고장 나거나 폐기되는
비율이 높다고 해. 사용자들이 함부로 사용해서이지.

인도를 휙휙 지나다니는 전동 킥보드가 무서워.
아무 곳에나 놓인 전동 킥보드도 거슬리더라고.

우리 학교는 우산을 빌려주는 착한 우산 서비스를
진행했는데 처음에 많던 우산이 이제는 아예 없어.

③ 공유 경제가 원래 의도대로 실현되려면 어떤 점을 보완해야 할지 고민해 봅시다.

산업, 혁신과 사회 기반 시설

함께하기

1. 다음 인터넷 사이트를 참고하여 우리 동네에 만들고 싶은 공유 서비스를 모둠별로 의논하고 발표해 봅시다.

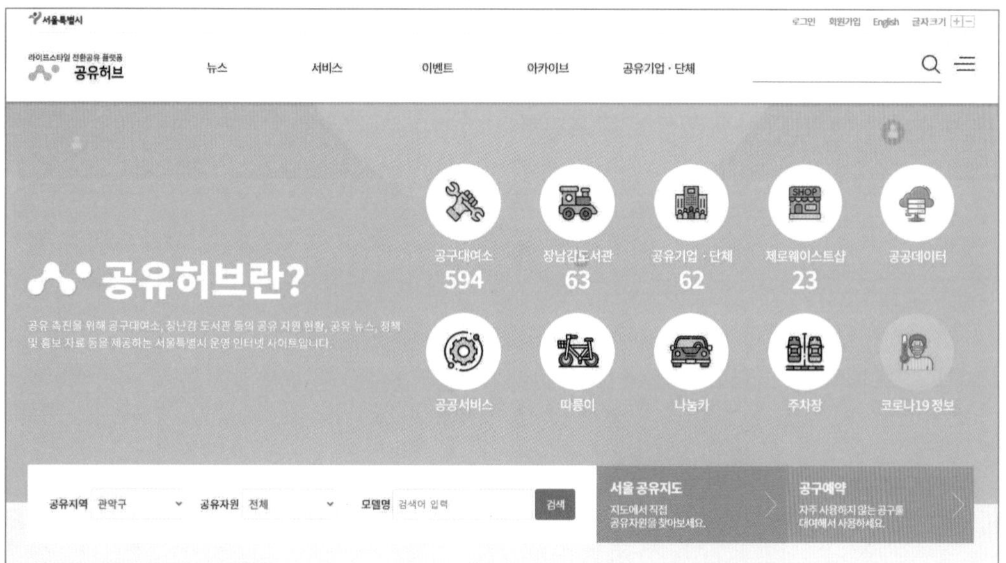

어떤 서비스(물건, 공간, 재능, 지식 등)를 만들려고 하나요?	그 서비스를 왜 만들고 싶나요?
누구를 대상으로 하는 서비스인가요?	언제 쓰는 서비스인가요?
어떻게 쓰는 서비스인가요?	어디에서 서비스할 건가요?

2. 친구들과 함께 | 보기 |의 단어 중 하나를 선택해 그와 관련된 주제를 조사해 봅시다. 그리고 | 조건 |의 내용을 넣어 2040년의 신문을 만들어 봅시다.

| 보기 |

빅 데이터 사물 인터넷 증강 현실
스마트 농업 디지털 헬스케어
인공 지능 비서 전기 차
휴머노이드 로봇 핀테크 챗봇
자율 주행 O2O 가상 현실 3D 프린팅

| 조건 |

❶ 선택한 단어의 의미
❷ 실생활에서의 사례
❸ 긍정적 측면과 부정적 측면

09/28

세계 보편적 정보 접근의 날

9월 28일은 '세계 보편적 정보 접근의 날'로 세계 시민 누구나 원하는 정보에 동등하게 접근할 수 있도록 함께 노력하는 날입니다. 2015년 유네스코가 정했고 2019년에 유엔 총회를 통해 공식적인 기념일이 되었습니다.

이제는 티켓을 사기 위해 줄을 서지 않아도 되고, 은행에 가지 않아도 돈을 보낼 수 있는 언택트 시대가 되었지만, 모두가 편리하게 사는 것은 아닙니다. 키오스크를 사용하지 못해서 기계 앞에서 헤매는 사람도 있고, 앱을 사용하지 못해 매표소에 가야 표를 예매할 수 있는 사람도 있습니다. 이처럼 디지털 정보화 수준에 따른 격차가 커지면서 디지털의 편리함을 누리지 못하는 사람들이 소외당하고 있습니다.

❖ 언어, 지역, 인종, 나이, 장애 여부 등의 특성에 따른 차별이 없는, 모두를 위한 키오스크 화면을 만들어 봅시다.

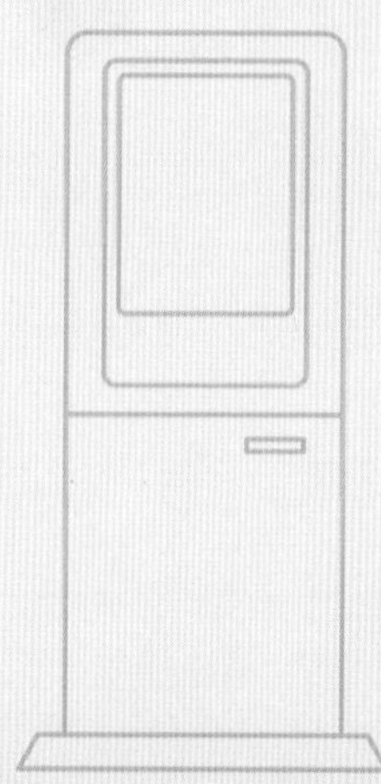

SDGs 10

불평등 감소

여러분은 불평등을 경험해 본 적이 있나요?

▶▶ 다음 만화를 보고 수업에서 무엇을 배울지 생각해 봅시다.

가난한 사람들이 경제적으로 나아질 수 있게
그들이 접근하기 쉬운 방법으로 지원해야 해.

법과 관례가 그 누구도 차별하지 않아야 해.

취약 계층의 사람들을 보호해야 해.

한 국가를 떠나, 다른 국가에서 사는 사람들은
그들을 위한 법의 보호를 받아야 해.

불평등
감소

다가서기

1. 다음 글을 읽고 경제적 불평등의 현실에 대해 알아봅시다.

2019년 10월, 칠레의 수도 산티아고에서 시민들의 대규모 시위가 있었습니다. 이 시위는 지하철 요금을 올린 계기로 시작되었지요. 그렇다면 인상 금액은 얼마였을까요? 30페소, 원화로 약 50원입니다. 지하철 요금이 50원 인상되어 국가 비상사태가 발령되는 시위로 번진 것입니다.

이 사건의 이면에는 칠레의 극단적인 빈부 격차 문제가 있습니다. 칠레에서는 소득 상위 1%가 전체 국가 부의 26%를 차지하는 반면, 하위 50%가 차지하는 부는 전체의 2.1%에 불과합니다. 칠레 성인의 26%는 빚을 갚지 못하고 있으며, 빚을 진 가구는 가처분 소득*의 75%를 그 빚을 갚는 데 쓰고 있습니다. 결국 그동안 누적된 경제적 불평등에 대한 불만이 산티아고 도시 철도의 지하철 요금이 인상된 것을 계기로 폭발한 것입니다.

폭발할 만큼 불평등한 소득 구조와 극소수로의 부의 편중은 칠레만의 문제가 아닙니다. 상위 1% 혹은 상위 10%가 전체 소득과 자산을 차지하는 비율이 전 세계적으로 점점 높아지고 있습니다. '경제 상황'에 관한 시위와 불만의 목소리는 부자는 더욱 부유해지고 가난한 사람들은 더욱 가난해지고 소외되는, 세계 불균형과 불평등의 심각성을 반영하고 있습니다.

* 가처분 소득: 개인의 의사에 따라 마음대로 쓸 수 있는 소득.

① 칠레에서 시위가 발생한 근본적인 이유를 말해 봅시다.

② 전 세계적으로 상위 계층과 하위 계층의 소득 격차가 점점 커지는 이유가 무엇인지 짐작해 봅시다.

2. 다음 지도를 보고 국가별 상위 10%의 소득 점유율을 비교해 봅시다.

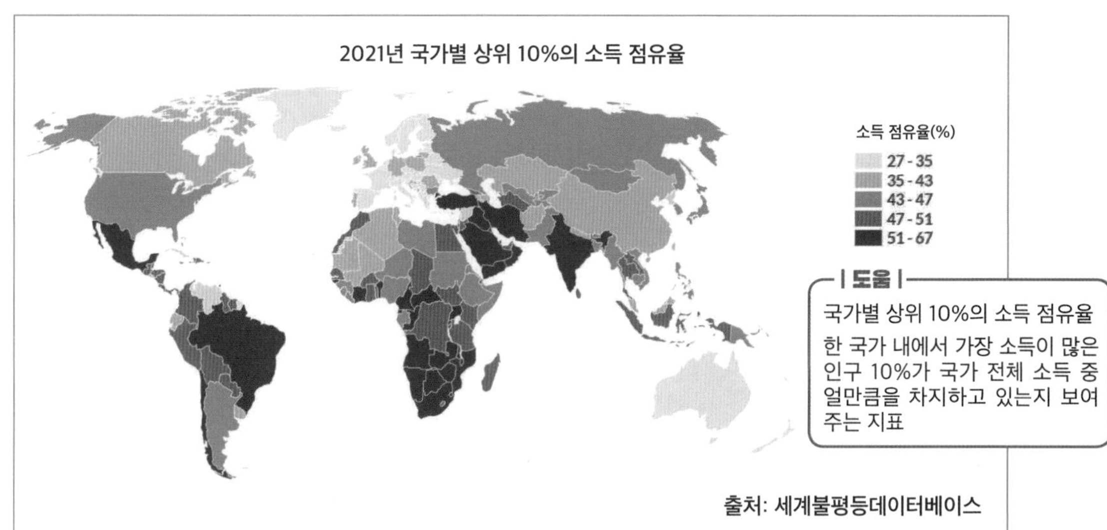

| 도움 |
국가별 상위 10%의 소득 점유율
한 국가 내에서 가장 소득이 많은 인구 10%가 국가 전체 소득 중 얼만큼을 차지하고 있는지 보여주는 지표

① 216~217쪽을 참고하여 이 지도에서 노란색과 빨간색으로 나타난 지역의 국가들이 어디인지 찾아보고, 그 국가들 간에 어떤 차이가 있는지 비교해 봅시다.

② 대한민국의 소득 점유율을 조사하고 소득 점유율이 의미하는 바에 대해 친구들과 이야기해 봅시다.

3. 평등, 불평등과 관련한 사례를 찾고 불평등을 어떻게 줄일지 고민해 봅시다.

① 다음 항목에 해당하는 사례를 찾아 정리해 봅시다.

우리 사회에서 상대적으로 평등한 것	우리 사회에서 예전에 평등하지 않았는데 지금은 평등해진 것
• 사례: • 이유:	• 사례: • 이유:

우리 사회에서 예전보다 나아지지 않고 아직도 불평등한 것	가장 먼저 바뀌기를 바라는 불평등한 것
• 사례: • 이유:	• 사례: • 이유:

② ①에서 찾은 사례를 바탕으로 불평등을 개선하는 데에 도움이 될 내용을 담은 카드 뉴스를 만들어 봅시다.

제목:	

불평등 감소

들여다보기

❖ **'윤택한 삶을 찾아서!' 게임을 해 봅시다.**

① 평등, 불평등과 관련한 다음 문제를 함께 풀어 봅시다.

• '차별이 있어 고르지 아니함.'을 의미하는 단어는?

• '권리, 의무, 자격 등이 차별 없이 고르고 한결같음.'을 의미하는 단어는?

• '부유한 사람과 가난한 사람의 경제적 차이.'를 부르는 말은?

• "출발은 물론 경쟁 과정의 공정성을 보장하여 경쟁에 참여한 사람들이 결과에 공감하고 이를 받아들일 수 있는 경쟁을 ____________한 경쟁이라고 한다."의 빈칸에 들어갈 말은?

② 모둠을 구성하여 다음의 규칙에 따라 게임을 해 봅시다.

게임 규칙

| 도움 |
책 뒤의 활동지를 사용해 게임해 봅시다.

❶ 모둠별로 4장의 인물 카드를 뒷면이 보이게 나열한 후 각자 1장씩 선택합니다.
❷ 각자 선택한 카드를 뒤집어 앞면에 적힌 인물과 조건을 확인합니다.
❸ 각자 선택한 인물이 다음 5가지 항목에 골고루 만족하도록 '윤택한 삶'을 살기 위해 노력합니다.

자산
건강
생존
행복
편리

❹ 각자 '윤택한 삶'을 위한 항목별 지출(최소 단위: 50만 원)을 합니다. 인물의 보유 자산 전체를 다 지출해야 합니다. 항목별 지출 금액은 해당 '윤택한 삶' 지수에 반영됩니다. (㉠ 의료비 100만 원 지출 시 '건강' 지수 100, 교통 50만 원 + 통신 50만 원 지출 시 '편리' 지수 100)

항목	생존		편리		건강		행복		자산	
지출	집		교통		의료		교육		부동산	
	음식		통신		보험		여가		주식	
	의복									
항목별 지수 (종합)										

❺ 상황 카드는 뒷면이 보이게 모아 둡니다. 지출 계획 작성이 끝나면 각자 돌아가며 상황 카드를 한 장씩 뽑아 크게 읽습니다. 이 상황 카드 내용은 모두에게 적용되며 각자의 '윤택한 삶' 지수가 변합니다.

❻ 상황 카드를 다 쓰면 게임이 끝나며, '윤택한 삶' 지수가 가장 높은 사람이 승리합니다.

③ 게임을 마친 뒤에 다음 사항을 토의해 봅시다.

• 게임에서 이긴 사람의 승리 요인

• 게임의 인물들이 각 과정에서 모두 평등하게 '윤택한 삶'을 향해 나아갔는지 여부

• 실제 우리 사회에서 일어나는 유사한 불평등의 예

불평등
감소

함께하기

❖ **다음 글을 읽고 내가 생각하는 평등의 의미를 쓴 후에 그림으로 표현해 봅시다.**

현대 사회에서 어떤 사람의 사회적 지위는 그가 버는 돈의 양과 관련이 있다. 안정된 경제생활과 함께 평등한 사회를 실현하기 위해서 사람들 사이의 빈부 격차를 줄이고 '고용'이 잘 이뤄지게 하는 것은 매우 중요한 문제이다. 우리나라는 성별, 연령, 장애 여부에 따라 차별받지 않고 평등한 조건에서 일할 수 있도록 다양한 법과 제도를 마련하고 있다. 사회적 약자가 평등한 사회에서 살아갈 수 있게 환경을 조성하는 것은 결국 사회의 통합과 안정 그리고 지속적인 공동체 발전의 기초가 된다. 평등한 사회를 만들기 위해 많은 사람이 노력했고, 지금도 계속 노력하고 있다. 하지만 현실에서는 신체적 특징, 학벌, 출신 지역을 이유로 쉽게 편견을 갖고 차별하는 경우가 많다. 이는 사회 제도적으로 평등을 위한 법과 제도를 만들었으나, 개인·문화적 차원에서는 차별 의식이 남아 있기 때문이다. 평등한 세상으로 나아가기 위해서는 공정한 경쟁을 위한 제도적 장치뿐만 아니라 '다름'을 인정하고 존중하는 태도가 필요하다.

출처: 경기도교육청, 『더불어 사는 민주 시민 교과서』

내가 생각하는 평등이란 ______________________________이다.

왜냐하면 __________________________________이기 때문이다.

03/21

세계 인종 차별 철폐의 날

3월 21일은 '세계 인종 차별 철폐의 날'로, 1966년 유엔 총회에서 인종 차별 철폐를 위한 전 세계적 노력을 촉구하고자 선포한 날입니다. 이날은 1960년 3월 21일에 남아프리카 공화국에서 인종 격리 정책에 반대하며 평화 집회를 벌이다 경찰의 발포로 69명이 희생되었던 샤프빌 학살에서 유래되었습니다.

많은 국가에 남아 있던 인종 차별주의적 법과 관습이 폐지되었습니다. 그러나 아직도 인종 차별은 세상에 존재합니다. 이날은 "모든 인간은 존엄과 권리를 지니고 자유롭고 평등하게 태어났다."라는 세계 인권 선언의 이상을 실현하기 위해 필요한 우리의 책임 의식을 일깨워 주고 있습니다.

❖ 인종 차별에 관한 사건이나 사진을 찾아보고 그것을 보며 느낀 인종 차별의 심각성에 대해 적어 봅시다.

SDGs 11

지속 가능한 도시와 공동체

여러분이 살고 싶은 도시의 조건은 무엇인가요?

다음 만화를 보고 수업에서 무엇을 배울지 생각해 봅시다.

지속 가능한 도시와 공동체

다가서기

1. 다음 글을 읽고 보봉 마을에 대해 알아봅시다.

독일 프라이부르크에 위치한 보봉 마을에는 5,000여 명의 주민이 살아갑니다. 이 마을은 매우 특별한 곳입니다. 그 이유는 무엇일까요? 먼저 이 마을은 시민들이 자치적으로 만든 곳입니다. 보봉 주민들은 '포럼 보봉'이라는 자치 모임을 만들어 이곳을 생태 마을로 만들기로 하고 그 운영 방법에 대해 오랫동안 토론했습니다. 그 결과 다음과 같은 실천 조항들이 만들어졌지요.

• 태양열을 주 에너지원으로 사용한다.
• 자동차로 인한 대기 오염을 감축한다.
• 쓰레기 발생량과 물 소비량을 줄인다.
• 콘크리트를 사용하지 않는다.

이런 원칙에 따라 만들어진 보봉 마을은 어떤 모습일까요? 보봉 마을에는 자동차가 들어갈 수 없습니다. 차는 마을 외곽에 세워 두고, 마을 안에서는 걸어서 다니고 먼 거리를 갈 때는 자전거를 탑니다. 차 없는 마을에서 아이들은 안전하게 뛰어놀 수 있습니다. 마을의 공기도 맑아졌습니다.

그리고 보봉 마을에서는 친환경 에너지를 사용합니다. 지붕 위에 태양광 패널을 얹는 방식이 대표적입니다. 태양광 패널은 태양광을 모아 전기 에너지로 바꿔 주는 장치입니다. 여기서 생산되는 전기가 가정에서 필요한 양보다 훨씬 많아서, 남는 에너지는 인근 발전소에 팔아 수익을 올리기도 합니다.

① 보봉 마을의 특징을 정리해 보고 그중 하나를 정해 자세히 조사해 봅시다.

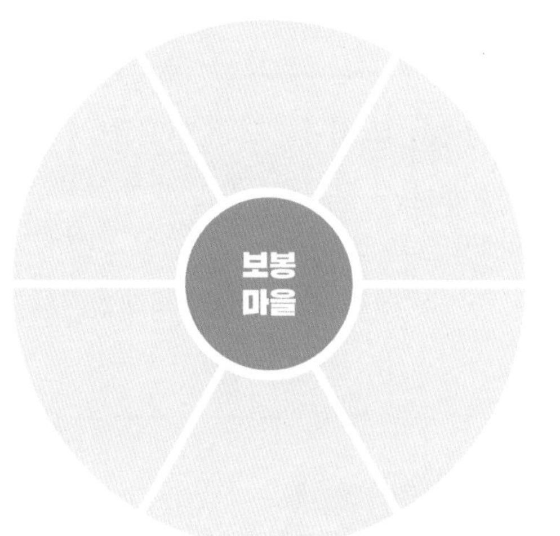

- 조사한 것:

② 내가 생각하는 보봉 마을의 장점과 그 이유를 말해 봅시다.

③ 내가 보봉 마을 사람이라면 불편한 점은 없을지 생각해 보고, 보봉 마을 사람들이 불편함을 감수하며 살아가는 이유를 짐작해 봅시다.

2. 다음 글과 지도를 보고 도시로 모여드는 사람들이 많아지면 어떤 장단점이 있을지 생각해 봅시다.

다음 지도는 도시에 사는 인구 비율을 나타낸 2020년 지도입니다. 초록색이 짙을수록 도시에 사는 사람들이 많은 국가입니다. 유엔해비타트가 발간한 『2020 세계 도시 보고서』에 따르면 전 세계 사람의 56.2%가 도시에서 살고 있습니다. 그 비율이 2030년이 되면 60.4%로 늘고, 2050년에는 66%에 이르러 전 세계 사람의 3분의 2가 도시에서 살 것으로 예측했습니다.

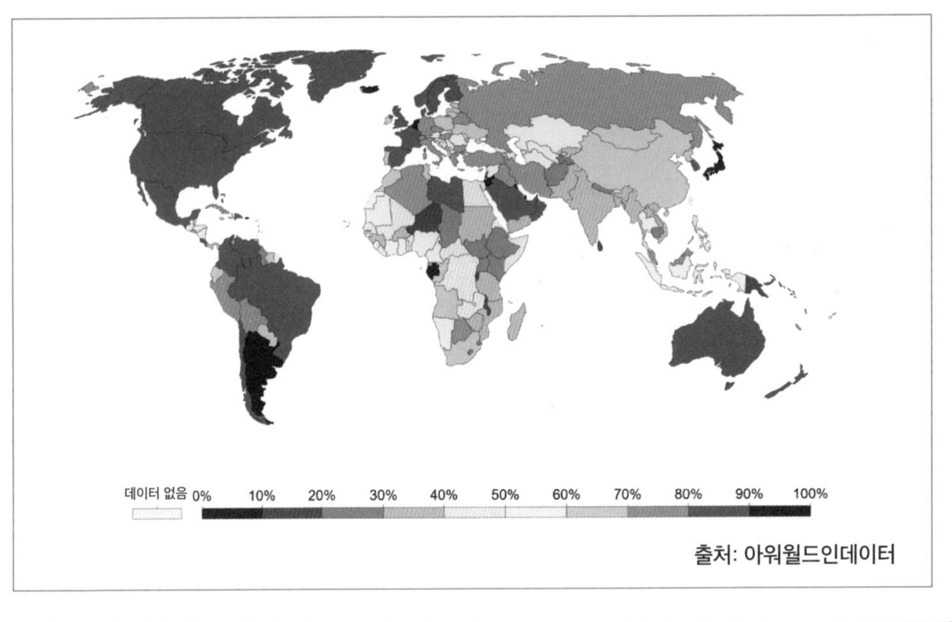

출처: 아워월드인데이터

장점	단점

지속 가능한 도시와 공동체

들여다보기

1. 다음 글을 읽고 지속 가능한 도시는 어떻게 만들어야 하는지 생각해 봅시다.

꿈의 도시라고 불리는 브라질 쿠리치바는 1970년대 중반까지만 해도 정말 가난하고 환경 오염이 심한 도시였어요. 그런 쿠리치바가 바뀐 건 자이메 레르네르가 시장이 된 이후입니다. 자이메 시장은 시민을 성장시키고자 노력하며 작은 변화로 도시를 안전하고 지속 가능하게 만들려고 했어요. 먼저 도시의 쓰레기 문제를 해결하기 위해 쓰레기를 모아 오면 버스 토큰이나 식품 자루로 교환해 주었어요. 또 쓰레기를 처리하는 곳에 사회적 약자를 고용함으로써 이들이 사회에 적응하고 자립할 수 있도록 했지요. 집이 필요한 사람은 전문가의 도움을 받아 정부가 제공한 건축 자재로 집을 지을 수 있었어요. 이외에도 '지혜의 등대'라는 도서관을 건립해 빈민층의 교육을 도왔습니다.

자이메 시장은 도시를 '가족사진'에 비유합니다. 사진 속 누군가가 마음에 들지 않는다고 찢어 버릴 수 없듯 도시도 그렇다는 거예요.

① 다음 사례를 보고 쿠리치바와 리우의 차이점이 무엇인지 말해 봅시다.

2016년 리우 올림픽을 앞두고 브라질 리우에서 반대 시위가 격렬하게 일어났습니다. 정부가 도시 미관을 개선하고 올림픽 시설을 세우기 위해 빈민촌을 철거하기로 했기 때문입니다. 빈민촌의 주민들은 강제로 벼랑 끝에 내몰렸습니다.

② 지속 가능한 도시를 만들기 위해 세워야 하는 기준을 만들어 봅시다.

2. 내가 꿈꾸는 지속 가능한 우리 마을의 모습을 그림으로 표현하고 마을의 특징을 해시태그로 정리해 봅시다.

지속 가능한
도시와 공동체

함께하기

1. 지속 가능한 우리 마을을 만들기 위해 친구들과 함께 보봉 마을 주민들처럼 자치 회의를 해 봅시다.

포럼 (   )

우리가 합의한 마을의 모습	→	필요한 제도나 시설
		↓
기타 안건	←	지켜야 할 실천 사항

2. 포럼에서 나왔던 안건 중에서 가장 필요한 것을 골라 정책을 제안해 봅시다.

| 도움 |
모든 사람은 국가 및 지역의 발전을 위해 정부, 지방 자치 단체, 교육청 등에 시책, 행정 제도에 관한 의견이나 고안을 제안할 수 있습니다.

- **제안 제목:**
- **현황 및 문제점:**
- **개선 방안:**
- **기대 효과:**

09/22

세계 차 없는 날

9월 22일은 '세계 차 없는 날'입니다. 이날은 1997년 프랑스의 라로쉐라는 도시에서 일어난 "도심에서는 차를 타지 말자"라는 시민운동으로부터 시작되었습니다. 대기 오염이나 교통 체증, 소음과 같은 문제를 줄이고 보행자가 안전한 환경을 만들기 위해 전 세계에서 매년 자가용 이용을 줄이려는 다양한 행사가 개최되고 있습니다. 대한민국도 2001년부터 여러 단체가 이 캠페인을 시작했고, 매년 9월 22일에 전국적으로 기념행사를 하고 있습니다.

❖ '차 없는 날'을 어떻게 활성화할 수 있을지 고민해 '차 없는 날'의 행사를 기획해 봅시다.

SDGs 12

지속 가능한 소비-생산

▶▶ 공정 무역과 사진 속 식료품들은 어떤 관련이 있을까요?

다음 만화를 보고 수업에서 무엇을 배울지 생각해 봅시다.

지속 가능한 소비-생산

다가서기

SDGs 12

1. 다음 글을 읽고 ESG를 실천하는 우리 기업의 사례를 찾아봅시다.

ESG는 환경을 의미하는 Environmental의 E, 사회를 뜻하는 Social의 S, 기업의 지배구조 Governance의 G의 앞머리 영어 글자를 따와서 만든 말입니다. ESG는 기업이 이윤만을 추구하는 것이 아니라 환경을 보호하고 사회적 책임을 다하며 투명하게 기업을 경영하고자 노력한다는 의미이며, 이는 기업을 평가하는 새로운 기준이 되고 있습니다.

ESG 기업 경영의 예로 '비나밀크'라는 베트남 기업이 있습니다. 이 회사는 베트남 유제품 시장에서 외국 브랜드를 제치고 8년 연속 시장 점유율 1위를 차지했는데 이 기업의 성공에는 여러 이유가 있습니다. 환경을 위해 나무 심기 기금을 조성했고, 지역에 시설 투자와 함께 일자리를 창출해 지역 경제를 살리는 데 기여하고 근로 환경과 직원 복지를 개선했지요.

미국의 의류 회사인 '파타고니아'는 이윤보다 환경을 먼저 생각하는 경영 철학을 가지고 있습니다. 파타고니아는 지속적으로 환경 단체를 지원하고 다양한 캠페인 활동을 전개하면서 유기농 면화 사용과 친환경 소재 개발, 버려진 옷의 재활용 등 환경 보전을 위해 끊임없이 노력했습니다. 이 밖에도 이주 노동자 보호, 공정 무역 등 기업이 지녀야 하는 사회적 책임을 다하여 많은 사람에게 공감을 얻은 모범적인 ESG 실천 기업입니다.

2. ESG와 기업의 책임 있는 생산에 대해 생각해 봅시다.

① ESG 실천을 위해 필요한 노력이 무엇일지 친구들과 이야기하여 적어 봅시다.

② ESG를 실천하는 기업이 많아지면 사회에 어떤 영향을 줄 수 있을지 말해 봅시다.

3. 다음 글을 읽고 지속 가능한 소비의 관점에서 나의 소비 생활을 살펴봅시다.

일반적으로 지속 가능한 소비는 미래 세대에 대해 생각하면서 인류, 환경, 사회에 미치는 영향을 고려하여 자원 사용을 최소화하고 환경을 파괴하지 않는 소비를 뜻합니다. 여기에는 자원의 지속적인 활용만을 고려하는 것을 넘어서서 윤리적인 소비를 통해 인류의 지속 가능한 사회 발전을 이루고자 하는 의미도 지니고 있습니다.

우리는 일상생활에서 자원의 재활용 및 효율적 이용, 환경 친화적 소비, 소비 자체 줄이기, 사회적으로 의미 있는 소비 하기 등의 지속 가능한 소비 활동을 실천하고 있습니다. 우리가 흔히 알고 있는 중고 시장 활용하기, 전기와 물 아끼기, 장바구니와 텀블러 이용하기, 비윤리적 기업의 제품을 사지 않고 윤리적 기업의 제품 사기, 친환경 소재로 만든 상품 사기 등이 지속 가능한 소비를 실천하는 방법입니다.

최근에 내가 구입한 물품	지속 가능한 소비의 관점에서 별점 부여하기
	☆☆☆☆☆ 이유:
	☆☆☆☆☆ 이유:
	☆☆☆☆☆ 이유:
	☆☆☆☆☆ 이유:
	☆☆☆☆☆ 이유:
나의 소비 생활 돌아보기	

4. 지속 가능한 생산과 소비의 의미에 대해 친구들과 함께 생각해 봅시다.

① 모둠별로 지속 가능한 소비와 생산에 대한 구체적인 사례를 탐색하여 적어 봅시다.

지속 가능한 소비	지속 가능한 생산

② 지금까지 탐색한 '지속 가능한'이 지닌 의미에 대한 내 생각을 써 봅시다.

지속 가능한 소비-생산

들여다보기

SDGs 12

1. 다음 자료를 보고 초콜릿 생산과 소비의 문제점에 대해 알아봅시다.

순위	초콜릿 제조 회사(국가)
1	Mars Wrigley(미국)
2	Ferrero Group(이탈리아)
3	Mondelēz International(미국)
4	Meiji(일본)
5	Hershey(미국)
6	Nestlé(스위스)
7	Lindt & Sprüngli AG(스위스)
8	Pladis(영국)
9	Ezaki Glico(일본)
10	Orion(한국)

순위	코코아콩 생산 국가
1	코트디부아르
2	가나
3	에콰도르
4	카메룬
5	나이지리아
6	인도네시아
7	브라질
8	페루
9	도미니카 공화국
10	콜롬비아

출처: 국제코코아기구

① 216~217쪽을 참고하여 초콜릿 생산국은 붉은색, 코코아콩 생산국은 파란색으로 색칠해 봅시다.

② ①에서 알 수 있는 초콜릿과 코코아콩의 생산과 소비에 따른 문제점을 써 봅시다.

2. 다음 글을 읽고 공정 무역에 대해 알아봅시다.

공정 무역이란 생산자가 만든 제품에 공정한 가격을 지불함으로써 빈곤 문제를 해결하려는 전 세계적인 운동을 말합니다. 지속 가능한 발전을 의미하는 상징으로 널리 인식되는 공정 무역 마크는 전 세계 소비자들에게 윤리적인 제품 구매가 개발 도상국의 지역 사회 및 사람들의 삶을 더 좋게 만들 거라는 믿음을 심어 줍니다. 공정 무역 마크가 부착된 제품은 식품, 음료, 목화, 의류뿐 아니라 공정 무역 인증 금으로 만든 액세서리 등 매우 다양합니다.

① 공정 무역의 중요성을 찾고 한 가지를 선택하여 그 내용을 아이콘으로 만들어 봅시다.

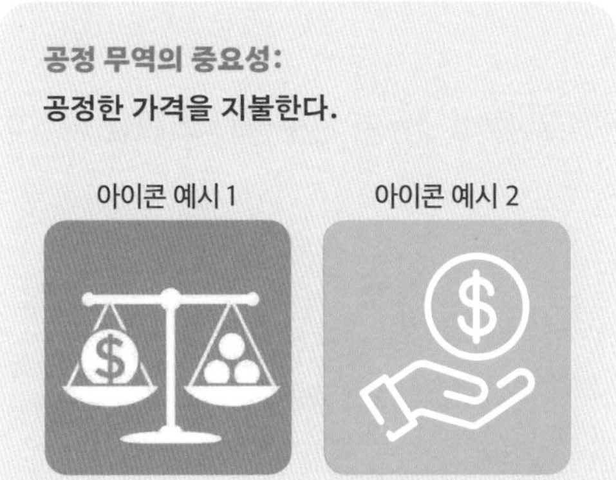

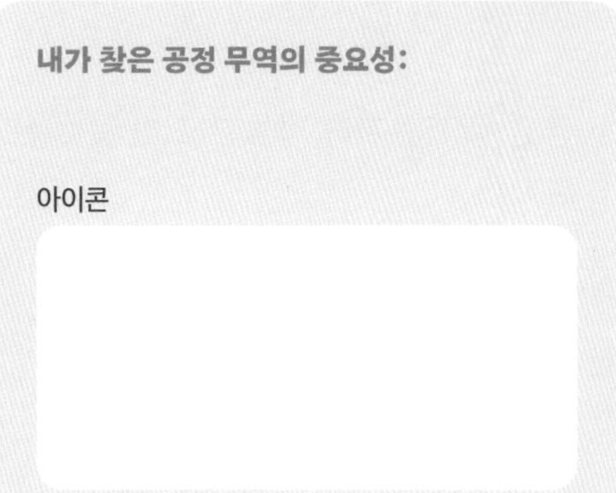

② 공정 무역의 우수 사례를 친구들과 함께 찾아봅시다.

국내 우수 사례	해외 우수 사례

③ 공정 무역은 지속 가능한 소비 및 생산과 어떤 관련이 있는지 친구들과 의견을 나누어 봅시다.

지속 가능한 소비-생산

함께하기

1. 제로 웨이스트 운동의 5가지 원칙(5R)에 대해 알아보고 이를 생활에서 어떻게 실천할지 적어 봅시다.

줄이기(Reduce)

거절하기(Refuse)

제로 웨이스트(Zero Waste)

일상에서 사용하는 모든 자원과 제품을 재활용이 가능하도록 하여 쓰레기가 매립되거나 바다에 버려지지 않도록 하는 사회 운동. 생산, 소비, 재사용 및 회수를 통해 자원을 재활용하는 것을 핵심으로 함.

재사용하기(Reuse)

재활용하기(Recycle)

썩히기(Rot)

2. 지속 가능한 생산과 소비를 위한 실천 약속을 친구들과 함께 정해 봅시다.

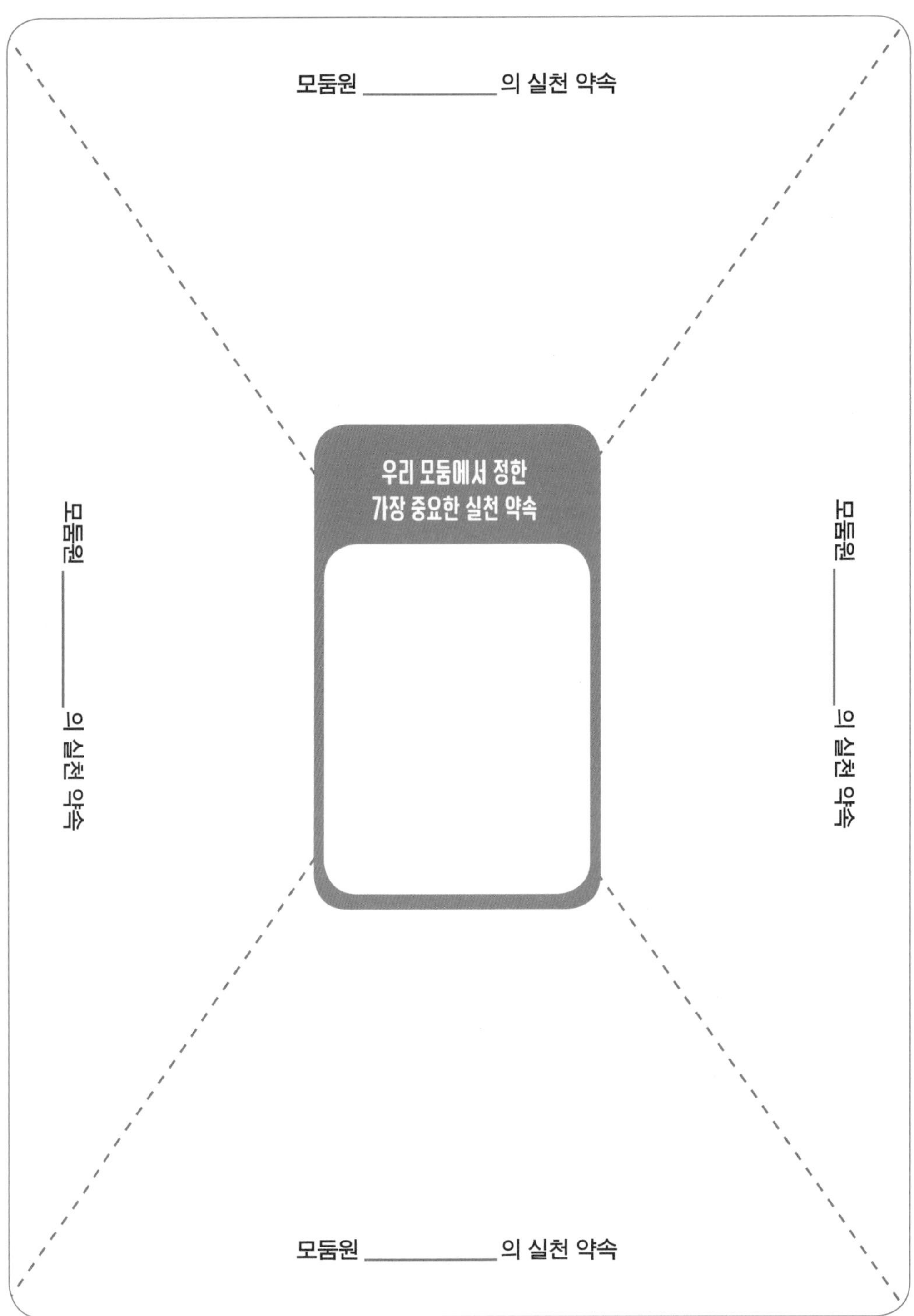

11월 마지막 주 금요일

아무것도 사지 않는 날

'아무것도 사지 않는 날'은 과소비와 소비주의에 반대하는 날로, 캐나다 예술가 테드 데이브가 제안해 1992년 9월에 시작되었습니다. 이후 미국에서는 하루 소비량이 가장 많은 날인 11월 마지막 주 금요일(블랙 프라이데이)로 옮겨 이를 기념하고 있으며, 대한민국을 포함한 세계 70여 개 국가가 참여하는 국제 기념일로 확대되었습니다.

이날 전 세계 사람들은 아무것도 사지 않는 행동에서 시작해 '신용 카드 자르기', '카트에 아무것도 담지 않고 마트 구경하기', '좀비처럼 걸으며 쇼핑하는 사람들 쳐다보기' 등의 행위 예술을 벌입니다. 최근에는 소비가 가져오는 자연 파괴, 아동 및 여성 노동 착취 등에 대해 성찰하는 캠페인도 함께 펼치고 있습니다.

❖ '아무것도 사지 않는 날'에 사람들에게 깊은 인상을 줄 수 있는 플래시 몹 캠페인 활동을 구상해 봅시다.

- 활동 제목:
- 활동 목적:
- 활동 일시 및 장소:
- 플래시 몹 내용 및 방법:
- 지켜야 할 규칙:

SDGs 13

기후 변화 대응

▶▶ 여러분은 기후 변화가 얼마나 심각하다고 생각하나요?

▶▶ 다음 만화를 보고 수업에서 무엇을 배울지 생각해 봅시다.

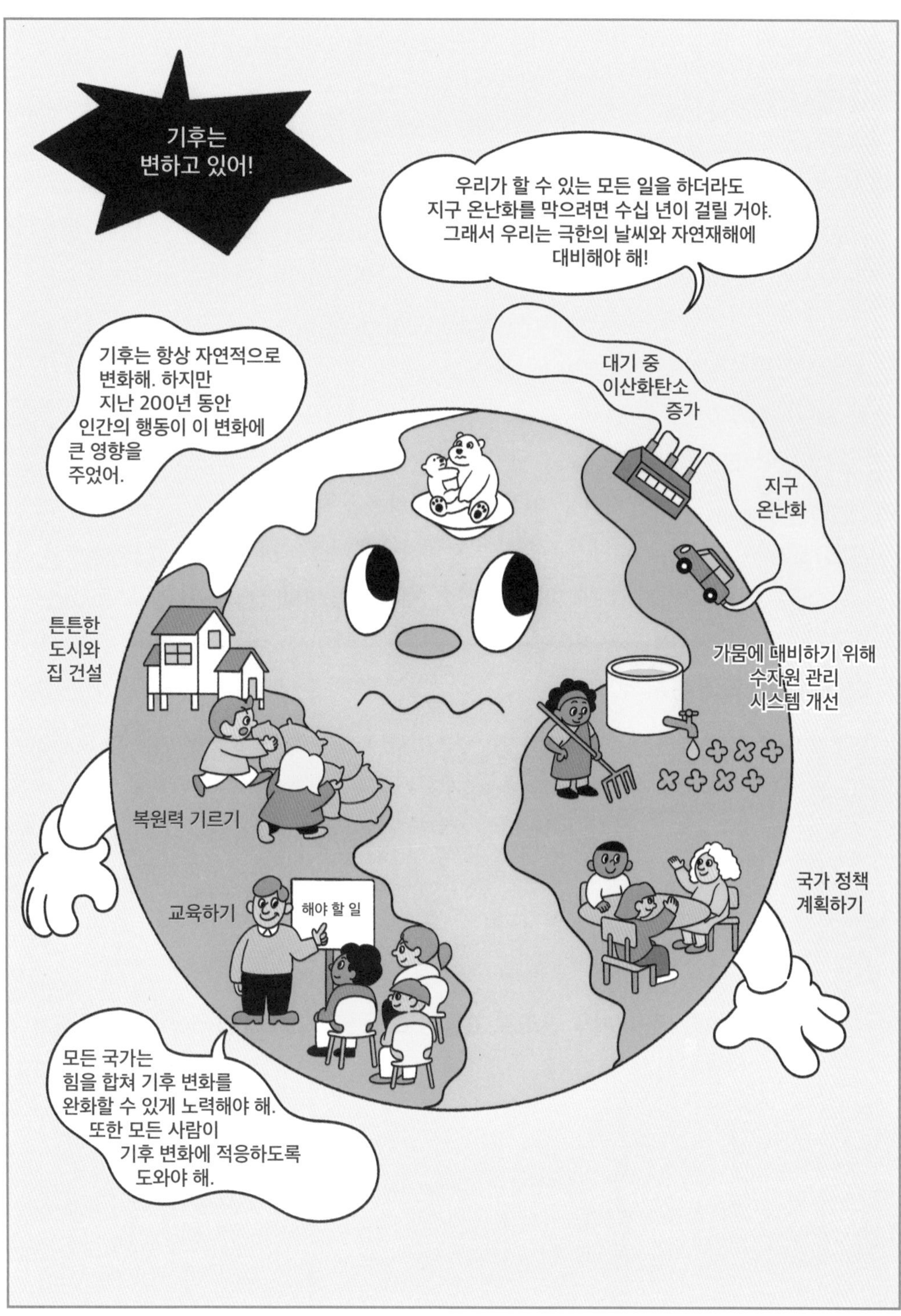

기후 변화 대응

다가서기

SDGs 13

1. 다음 글을 읽고 기후 변화로 고통받는 사람들에 대해 알아봅시다.

남태평양의 섬나라 키리바시 출신인 이와네 테이티오타는 키리바시의 해수면 상승을 이유로 2015년 뉴질랜드 정부에 자신을 기후 난민으로 받아 달라고 신청했습니다. 그러나 그는 거절당했습니다. 이후 유엔인권위원회에 진정을 제기했고, 2020년 마침내 유엔은 기후 변화 때문에 사람들이 생존을 위협받는 경우 그들을 강제로 본국으로 돌려보내면 안 된다고 발표했습니다.

기후 난민이란 무엇일까요? 기후 난민은 기후 변화가 초래하는 자연재해로 생존권을 위협받아 원래 살고 있던 터전을 떠나야 하는 사람들을 말합니다. 최근 급격한 기후 변화로 해수면이 상승해 키리바시를 포함한 남태평양의 섬들은 바다에 잠길 위기에 처했고, 이와네 테이티오타가 사는 키리바시는 섬 2개가 이미 바닷속으로 사라졌습니다.

① 다음 물음에 답해 봅시다.

기후 난민이란 무엇인가요?	기후 난민이 생기는 원인은 무엇인가요?

② 키리바시 외에 어떤 곳이 기후 변화로 고통받고 있는지 조사해 봅시다.

2. 다음 지도를 보고 기후 위기의 책임이 누구에게 있는지 알아봅시다.

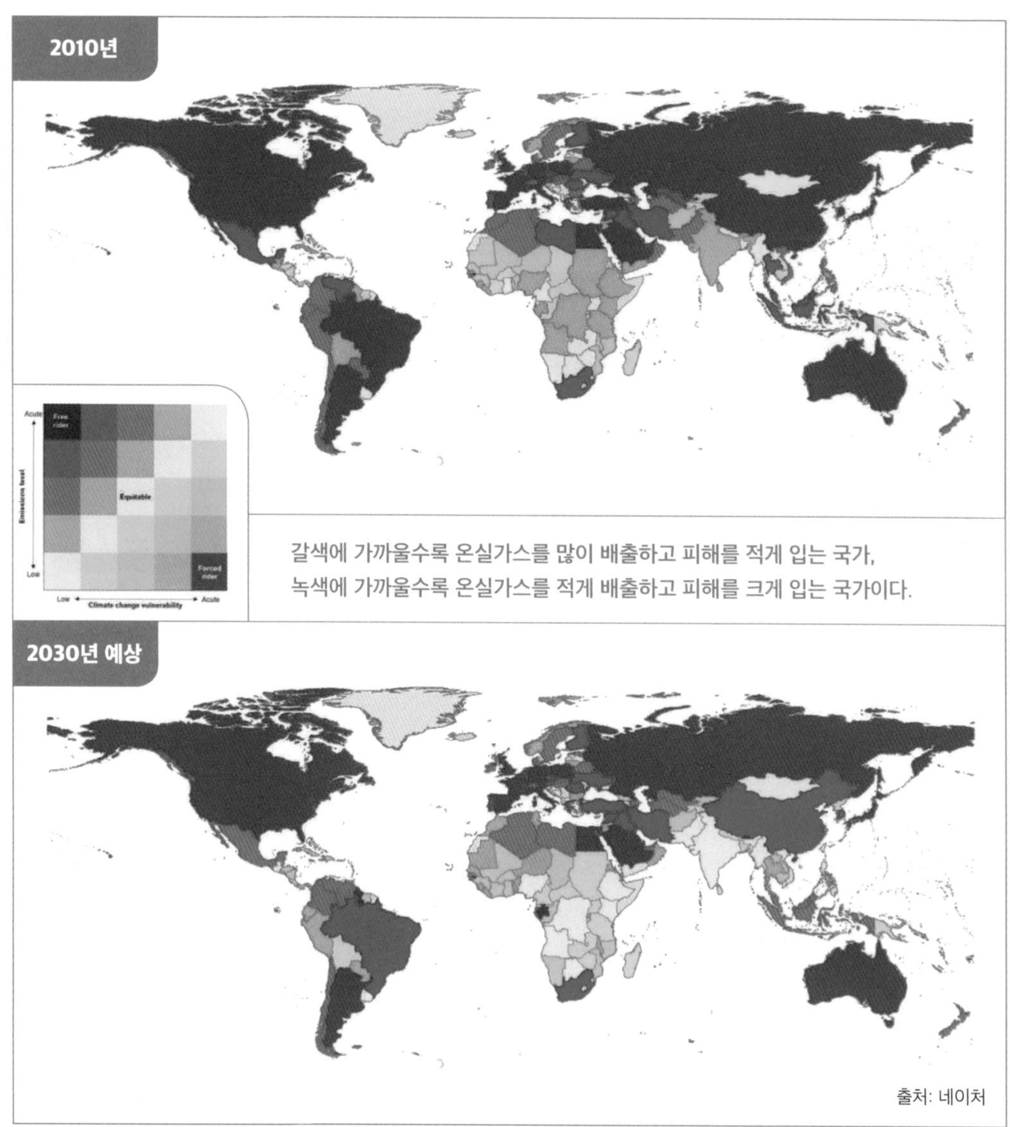

출처: 네이처

① 이 지도가 의미하는 바가 무엇인지 정리해 봅시다.

② 불평등이 기후 위기를 낳았다는 주장에 대한 내 생각을 말해 봅시다.

3. 다음 글을 읽고 지구 온난화에 대해 살펴봅시다.

전 세계 각국에서 기후 변화로 인한 피해가 계속해서 일어나고 있습니다. 2021년 미국, 캐나다 등 북미 지역에서 지속한 폭염과 180명 이상의 사망자를 낳은 독일 대홍수, 사흘간 617mm가 쏟아진 중국 홍수 등은 지구 온난화의 결과로, 앞으로도 이런 일이 빈번하게 일어날 수 있다고 전문가들은 이야기합니다.

① 지구 온난화가 일어나는 원인이 무엇인지 찾아봅시다.

② 지구 온난화의 피해 사례에 대해 알아봅시다.

해수면 상승	사막화	생태계 변화

기후 변화 대응

들여다보기

SDGs 13

1. 다음 글을 읽고 탄소 중립 사회로의 전환에 대해 생각해 봅시다.

탄소 중립이란 대기 중 이산화탄소 농도 증가를 막기 위해 화석 연료 연소, 수송 등 인간 활동에 의한 배출량을 최대한 줄이고 숲을 복원하고 탄소 제거 기술을 활용하는 등의 방식으로 이산화탄소의 흡수량을 늘려 순 배출량을 '0'으로 만드는 것입니다. 탄소 중립이라는 개념은 폭염, 폭설, 태풍, 산불 등 이상 기후로 대표되는 기후 위기가 닥치면서 등장했습니다.

(2017년 기준, 단위: 백만tCO_2eq%)

순위	국가	연료 연소에 의한 CO_2 배출량
1	중국	9,258
2	미국	4,761
3	인도	2,162
4	러시아	1,537
5	일본	1,132
6	독일	719
7	대한민국	607

출처: 2050 탄소중립위원회

국제 사회는 기후 변화 문제의 심각성을 인식하고 이를 해결하기 위해 1997년 선진국에 의무를 부여하는 '교토 의정서'를 채택하고, 2015년에는 선진국과 개발 도상국이 모두 참여하는 '파리 기후 변화 협약'을 채택했습니다. 대한민국은 2016년 11월 3일에 파리 기후 변화 협약을 비준했습니다. 2021년 9월 기준으로 탄소 중립을 선언, 지지한 국가는 134개국에 이릅니다.

파리 기후 변화 협약의 목표는 산업화 이전 대비 지구 평균 온도 상승을 2℃보다 훨씬 아래로 유지하고, 나아가 1.5℃로 억제하기 위해 노력해야 한다는 것입니다. 지구 온도가 2℃ 이상 상승하면 폭염, 한파 등 인간이 감당할 수 없는 자연재해가 발생합니다. 상승 온도를 1.5℃로 제한하면 생물 다양성, 건강, 생계, 식량 안보, 인간 안보 및 경제 성장에 대한 위험이 2℃보다 대폭 감소합니다. 지구 온도 상승을 1.5℃ 이내로 억제하려면 2050년까지 탄소 순 배출량을 '0'으로 만드는 탄소 중립 사회로의 전환이 필요합니다.

① 탄소 중립의 개념과 탄소 중립이 필요한 이유에 대해 말해 봅시다.

② 파리 기후 변화 협약과 관련한 내용을 구체적으로 찾아봅시다.

교토 의정서와 파리 기후 변화 협약의 차이는 무엇인가요?	
파리 기후 변화 협약의 목표와 주요 내용은 무엇인가요?	
파리 기후 변화 협약은 기후 변화를 막는 데 효과적인가요?	
파리 기후 변화 협약에 가입한 국가들이 약속한 것은 무엇인가요?	
각 국가는 약속을 잘 지키고 있나요?	

2. 탄소 배출권 거래 제도에 대해 알아봅시다.

탄소 배출권이란 6대 온실가스인 이산화탄소, 메탄, 아산화질소, 과불화탄소, 수소불화탄소, 육불화황을 일정 기간 배출할 수 있도록 유엔의 담당 기구가 개별 국가에 부여하는 권리입니다. 유엔 기후 변화 협약에서 온실가스 감축 목표를 효과적으로 달성하기 위한 구체적 이행 방안으로 채택된 교토 의정서의 3가지 제도에 따라 파생되어 각국에 발급되고 있으며, 주식이나 채권처럼 거래소나 장외에서 사고팔 수 있습니다.

한편 배출권 거래 제도는 각 국가가 부여받은 할당량 미만으로 온실가스를 배출할 경우 그 여유분을 다른 국가에 팔 수 있게 하고 반대로 온실가스의 배출이 할당량을 초과하는 경우에는 다른 국가에서 배출권을 사들일 수 있도록 해, 제도적 유연성을 확보하는 동시에 경제 논리로 각국이 자발적으로 온실가스를 줄이도록 유도하는 데 의의를 둡니다.

탄소 배출권은 국가별로 부여되지만 각국이 대부분의 배출권을 기업에 할당하기 때문에 탄소 배출권 거래는 주로 기업들 사이에서 이뤄집니다. 기업 입장에서는 일반적으로 온실가스 배출량을 줄여 배출권을 파는 것이 이익이지만, 반대로 온실가스 배출권이 감축 비용보다 저렴하면 배출권을 사는 것이 비용을 절감하는 방법이 될 수도 있습니다.

① 탄소 배출권 거래 제도란 무엇인지 말해 봅시다.

② 탄소 배출권의 긍정적 측면과 부정적 측면에 대해 적어 봅시다.

• 긍정적 측면:

• 부정적 측면:

3. 지구 온난화의 심각성을 알리는 영상을 만들어 봅시다.

① 지구 온난화를 막지 못하면 앞으로 어떤 일이 생길지 예측해 봅시다.

② 모둠별로 지구 온난화의 심각성을 알리는 짧은 영상 시나리오를 써 본 뒤에 영상을 찍어 SNS에 올려 봅시다.

- 담고 싶은 주제와 내용:

- 스토리보드

순서	장면	내용 및 자막	애니메이션 효과	배경 음악
1				
2				
3				
4				
5				

기후 변화 대응

함께하기

1. 다음을 참고하여 탄소 중립을 일주일 동안 실천하며 탄소 중립 일지를 써 봅시다.

저탄소 생활	☐ 분리배출 철저히 하기 ☐ 사용하지 않는 전기 플러그 뽑기 ☐ 대중교통, 자전거 이용하기 ☐ 종이컵 대신 텀블러 사용하기 ☐ 하루 3번 10분씩 환기하고 조리 후에는 30분 이상 환기하기 ☐ 전기 제품 올바르게 사용하기
저탄소 제품	☐ 저탄소 제품 인증 마크 확인하기 ☐ 저탄소 제품 구입하기
에코 머니	☐ 에코 머니 제휴 카드 발급받기(www.ecomoney.co.kr) ☐ 에코 머니로 공공시설 할인받기 ☐ 에코 머니로 교통비 결제하기 ☐ 친환경 마크가 붙은 제품을 구입해 에코 머니 포인트 적립하기
용기 내 챌린지	☐ 포장 시, 반찬통과 냄비 등 다회용기 사용하기 ☐ 일회용 플라스틱 포장 용기는 재사용하기 ☐ 장 볼 때 장바구니, 다회용기 챙겨 가기 ☐ 비닐 포장이 없는 상태의 식재료 고르기 ☐ '용기 내 챌린지' 참여하기(자신의 SNS를 통해 포장 사진+챌린지 해시태그를 포함해 게시하기)
전자 영수증	☐ 대형 마트, 백화점에서 물품 구매 시 전용 앱으로 전자 영수증 받기 ☐ 전자 영수증 서비스를 제공하지 않으면 불필요한 종이 영수증 받지 않기

실천 목표	
방법	
함께할 사람	

| 도움 |
- 실천한 탄소 중립 체크
- 탄소 중립 실천 인증 사진 촬영
- 탄소 중립 실천 후 느낀 점 작성

2. 다음 글을 읽고 그레타 툰베리의 발표나 연설 내용을 찾아봅시다. 그 내용을 참고하여 '우리 학교 기후 행동 선언문'을 만들어 봅시다.

스웨덴의 환경 운동가 그레타 툰베리는 2018년부터 기후 변화의 심각성을 느껴 금요일마다 등교를 거부하는 운동을 시작했습니다. SNS를 통해 이를 접한 전 세계 청소년들이 '미래를 위한 금요일'이란 이름으로 금요일마다 등교를 거부하고 시위에 동참했습니다.

그레타 툰베리는 같은 해 12월 제24회 유엔 기후 변화 협약 당사국 총회에 참가해 기후 변화 대책에 미온적인 정치인들을 공개적으로 비판해 세계적으로 주목받았습니다. 특히 "당신들은 자녀를 가장 사랑한다 말하지만, 기후 변화에 적극적으로 대처하지 않는 모습으로 자녀들의 미래를 훔치고 있다."라는 발언은 환경 보호 단체 등 많은 이들에게 큰 호응을 얻었습니다. 하지만 러시아의 푸틴 대통령 및 미국의 트럼프 전 대통령 등은 부정적인 반응을 보였습니다.

우리 학교 기후 행동 선언문

하나,

둘,

셋,

기후 행동을 위와 같이 실천할 것을 다짐합니다.

202_____ 년 _____ 월 _____ 일

_____ 학년 _____ 반 이름 __________

03/23

세계 기상의 날

3월 23일은 '세계 기상의 날'로 1961년 세계기상기구의 발족 10주년을 기념하기 위해 만들어졌습니다. 세계 기상의 날은 기상 관측의 필요성을 널리 알리고 각국이 긴밀하게 협력해 기상 사업을 발전시키는 것을 목적으로 합니다. 이를 위해 매년 주제를 정해 이날을 기념합니다.

2021년 세계 기상의 날 주제는 '해양, 우리의 기후 그리고 날씨'로, 기후 변화로 인한 해양 온도 상승 그리고 이것이 기상에 미치는 영향을 알리고자 노력했습니다. 현재 우리가 맞닥뜨린 기후 변화와 기후 위기가 심각하기에 기상 측정의 중요성은 더욱 커지고 있습니다.

❖ 청소년과 청년이 주도하는 기후 운동 단체 '청소년기후행동'에 대해 조사하고, 이 단체의 사이트나 뉴스레터인 '기행 레터'에 피드백과 응원하는 글을 남겨 봅시다.

SDGs 14

해양 생태계

여러분은 바닷속에 사는 생물을 얼마나 알고 있나요?

▶▶ 다음 만화를 보고 수업에서 무엇을 배울지 생각해 봅시다.

해양 생태계

다가서기

1. 다음 글을 읽고 플라스틱이 인류 최고의 발명품인지 인류가 초래한 재앙인지에 대한 내 생각을 이야기해 봅시다.

현대를 '플라스틱 시대'라고 할 만큼, 플라스틱이 없었다면 반도체 소자, 엘시디 등 현대 문명이 만들어 낸 혁신적인 제품을 볼 수 없었을 것입니다. 플라스틱은 어떻게 만들어지게 되었을까요?

19세기 중반에는 당구공을 만드는 데 코끼리의 상아를 썼는데, 코끼리의 수가 점점 줄어들어 상아를 대체할 물질을 찾기 시작했습니다. 이 과정에서 플라스틱 개발이 본격적으로 이루어졌지요. 최초의 플라스틱은 천연수지로 만들었는데, 깨지기 쉬워 당구공이 아닌 틀니, 단추 등의 용도로 사용했습니다. 합성수지 플라스틱은 1907년에 만들어졌습니다. 값이 쌌고 내구성도 뛰어났지요.

플라스틱은 레코드, 시디 등에 활용되어 음악의 발전을 이끌고, 유리병을 대체할 소재로 활용되어 병원의 위생을 향상시키는 등 음악, 의학, 유통 등의 많은 분야에 영향을 끼쳤습니다. 이후 플라스틱 공장이 생기고 플라스틱 가격이 더 내려가며 수많은 제품이 플라스틱 소재로 만들어졌습니다.

하지만 쓰고 버리는 플라스틱으로 지구 환경이 오염되는 것은 큰 문제입니다. 플라스틱은 분자들이 단단하게 얽혀 있는 고분자 화합물이라 썩지도 않습니다. 여러분은 태평양 한가운데에 대한민국 크기의 15배가 넘는 쓰레기 섬이 있다는 걸 아나요? 세계경제포럼은 2050년 전 세계 바다에 있는 플라스틱 쓰레기의 무게가 물고기의 무게를 넘어설 것이라고 했습니다. 2050년은 그리 먼 미래가 아니지요.

2. 다음 바다거북의 말을 읽고 바다거북에게 생긴 문제와 그 원인을 찾아봅시다.

① 바다거북에게 무슨 일이 일어났는지 말해 봅시다.

② 우리가 사용한 플라스틱이 분리수거장에 도착한 후 어떤 과정을 거치는지 조사해 봅시다.

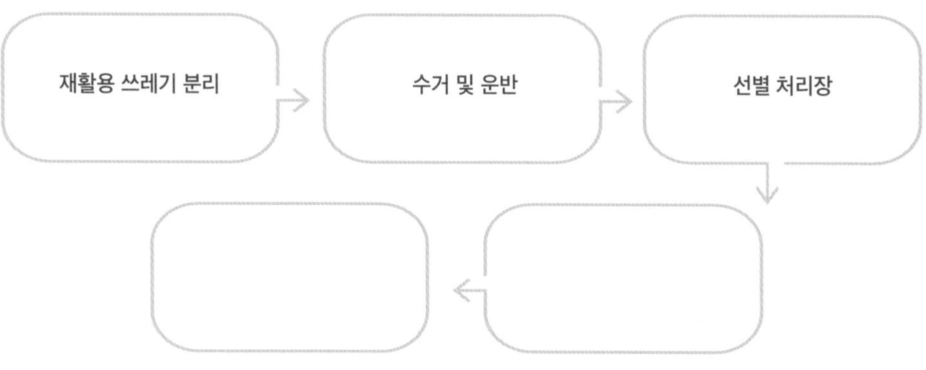

해양
생태계

들여다보기

1. 216~217쪽을 참고하여 다음 지도에서 플라스틱 쓰레기를 바다로 많이 배출하는 국가를 찾고, 제시된 항목을 참고하여 그 이유가 무엇인지 조사해 봅시다.

바다로 배출되는 플라스틱 쓰레기(2019)

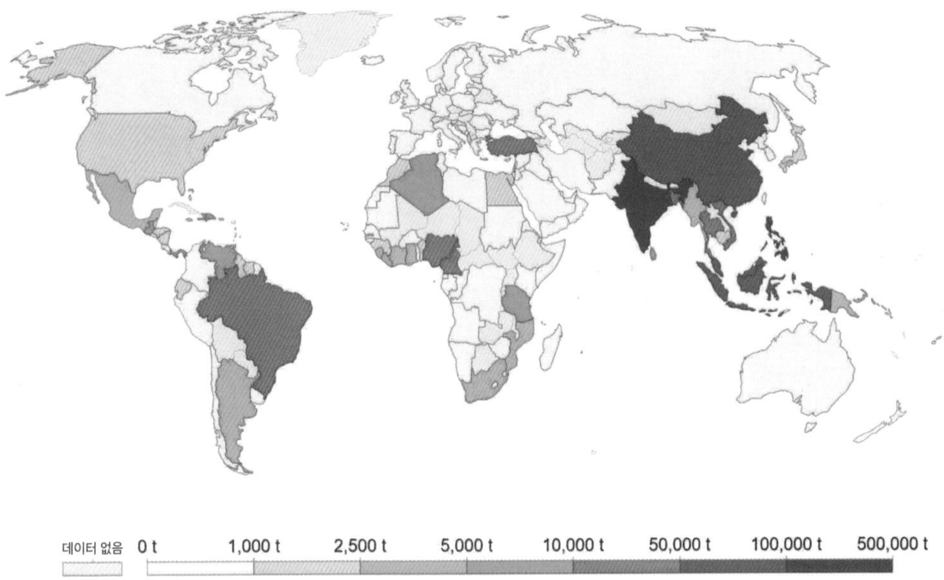

데이터 없음 0 t 1,000 t 2,500 t 5,000 t 10,000 t 50,000 t 100,000 t 500,000 t

출처: 아워월드인데이터

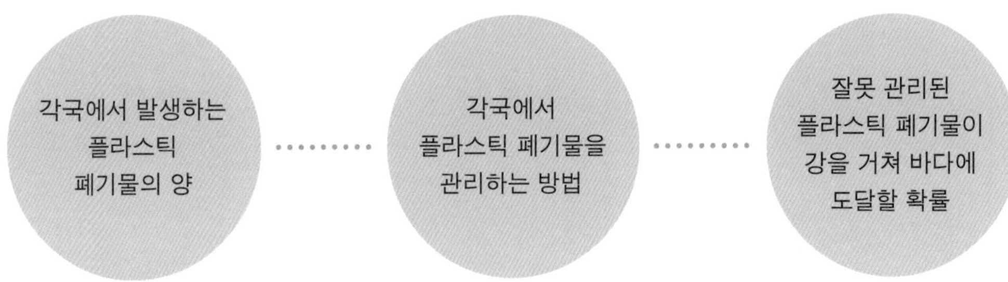

2. 모둠별로 | 조건 |에 따라 릴레이 만화를 그려 봅시다.

| 조건 |

- 오염된 바다, 우리 생활과의 관련성, 해양 오염에 대비하는 방법 등을 포함한다.
- 첫 번째 사람이 첫 장면을 그리고, 다음 사람은 앞 장면과 내용이 연결되도록 그다음 장면을 그린다. 완성된 만화는 일관된 흐름을 유지해야 한다.

내가 어디로 가는지 알고 있어?

해양 생태계

함께하기

1. 다음 글을 읽고 제주 바다의 상황을 파악하여 '제주 바다 살리기' 포스터를 만들어 봅시다.

(가) 아열대 생물인 파란고리문어가 제주에서 발견되었습니다. 기후 온난화로 한반도에 영향을 미치는 난류를 따라 제주 바다까지 올라온 것입니다. 파란고리문어는 턱과 이빨에 치명적인 맹독을 품고 있는데 이는 청산가리보다 10배 이상, 복어보다 1,000배 이상 강한 독성입니다. 파란고리문어에게 물리거나 먹물을 맞으면 신체 마비, 구토, 호흡 곤란, 심장마비가 일어날 수 있습니다.

(나) 제주도의 모든 해안 지역에 갯녹음 현상이 심각 단계에 접어들었습니다. 갯녹음 현상이란 미역, 감태, 톳 등의 해조류가 있어야 하는 자리에 하얀 석회 조류가 뒤덮여 암반이 분홍색이나 흰색으로 보이는 것을 말합니다. 갯녹음 현상으로 해안 경관이 훼손되는 것은 물론, 연안 생태계 균형이 깨지고 있습니다. 이 현상이 일어나는 정확한 원인은 규명되지 않았지만, 과도한 개발과 오염, 해조류를 먹는 조식 동물의 증가, 기후 변화 등일 것으로 추측합니다.

2. 다음 글을 읽고 친구들과 함께 후쿠시마 오염수 해양 방류에 대해 알아봅시다.

2021년 4월, 일본 정부가 후쿠시마 제1 원자력 발전소에 보관 중인 원전 오염수를 태평양 해양에 방류하기로 했습니다. 2011년 3월 동일본 대지진 때 사고가 난 후쿠시마 제1 원전에 사고 당시 녹아내린 핵연료를 식히기 위해 냉각수를 주입했습니다. 이 때문에 원전 건물 내에서 삼중 수소, 세슘, 스트론튬 등의 방사성 물질이 포함된 어마어마한 양의 오염수가 발생했습니다.

원전 오염수가 제대로 여과되지 않고 바다에 방류된다면, 국제 사회 전체가 그 때문에 생기는 피해를 떠안아야 하는 상황입니다. 오염수가 정화되지 않으면 해양 생태계가 큰 피해를 보고, 결국 인간의 건강과 생명에도 피해를 줄 수 있습니다.

▲ 한반도와 세계 해류 흐름

① 후쿠시마 오염수 해양 방류에 대한 일본의 입장과 국제 사회의 입장을 조사한 후 정리해 봅시다.

일본의 입장	국제 사회의 입장

② 후쿠시마 오염수 해양 방류가 우리에게 어떤 영향을 미칠지 살펴봅시다.

3. 해양 생태계를 지키기 위해 일상에서 실천할 수 있는 구체적인 목표 2가지를 세우고, 실천한 결과를 평가해 봅시다.

| 예 | • 종이컵을 사용하지 않고 일상생활에서 텀블러를 사용하겠다.
• 달리기나 산책을 할 때 쓰레기를 줍겠다.

세계 시민 ____________ 의 체크 리스트

실천을 잘함: ◎ 보통임: △ 실천하지 못함: ×

실천 목표	월	화	수	목	금	토	일
❶							
❷							

일주일 동안 실천한 소감

06/08

세계 해양의 날

'세계 해양의 날'은 1992년 캐나다 정부가 브라질 리우데자네이루에서 열린 지구 정상 회담에서 바다가 인간에게 주는 고유의 가치가 소중함을 일깨우기 위해 제안한 기념일이에요. 2008년 12월 5일 유엔 총회에서 이날을 세계 기념일로 공식 채택했습니다.

우주에서 바라보는 지구는 푸른색이라는 사실을 알고 있나요? 지구 겉넓이의 약 70%가 바다로 이루어져 있기 때문입니다. 바다는 모든 생물에게 꼭 필요하며 기후 변화에도 큰 역할을 하는 소중한 존재입니다. 바다에 문제가 생기면 지구의 모든 생명체에도 문제가 생깁니다.

❖ 세계 해양의 날을 기념해 바닷속 동물 하나를 골라 표현할 감정을 선택하고 2가지 이모티콘을 만들어 봅시다.

깨끗한 바다에 사는 동물

오염된 바다에 사는 동물

SDGs 15

육상 생태계

여러분은 하루에 인간이 아닌 다른 생물을 얼마나 만나나요?

▶▶ **다음 만화를 보고 수업에서 무엇을 배울지 생각해 봅시다.**

육상 생태계

다가서기

1. 다음 글을 읽고 산림 생태계가 무너지고 있는 상황에 대해 알아봅시다.

2015년 인도네시아의 보르네오섬에서 왼쪽 팔이 절단된 채 구조된 새끼 오랑우탄 케시의 이야기가 알려지면서 온 세계가 들썩였어요. 서식지인 숲이 개발로 파괴되면서 굶주림에 시달리던 오랑우탄은 나무를 타지 못했어요. 그러니 먹이를 찾아 사람들이 있는 곳으로 내려오기도 했고요. 케시는 이 과정에서 사냥꾼에게 팔이 잘린 것으로 보여요. 새끼 오랑우탄은 어미에게 매달려 생활하는데 케시는 어미와 떨어지지 않으려고 끝까지 매달리다 일을 당한 거예요. 세계자연기금은 오랑우탄을 멸종 바로 전 단계인 '심각한 멸종 위기종'으로 분류했어요. 1세기 전까지 23만 마리에 달했던 오랑우탄의 수는 5만여 마리밖에 남지 않았어요.

여러분은 팜유를 아나요? 팜유에 대해 들어 본 적은 없어도 이미 팜유를 사용하고 있을 거예요. 팜나무 열매에서 채취한 식물성 기름인 팜유는 우리가 자주 먹는 라면, 과자에서부터 화장품, 비누까지 다양한 식품과 제품에 쓰여요. 팜유는 다른 식물성 기름보다 저렴하고 단위 면적당 생산량이 뛰어나 수요가 계속 늘어나고 있어요.

문제는 팜유가 숲을 없앤다는 점입니다. 아시아의 허파라고 불릴 정도로 울창했던 인도네시아의 열대 우림은 팜유 농장을 짓기 위해 태워지면서 그 면적이 점점 줄고 있어요. 그린피스에 따르면 대한민국의 3배 크기인 31만km^2의 열대 우림이 벌목되었습니다.

인도네시아의 열대 우림에는 오랑우탄 외에도 코끼리, 호랑이 등 많은 동물이 살고 있어요. 숲이 태워지면서 많은 동물이 죽어 가고 있고 운 좋게 살아남더라도 먹을 게 없어 사람들이 사는 농장으로 내려오다 죽임당하고 맙니다.

① 오랑우탄 케시에게 일어난 일과 그 이유가 무엇인지 써 봅시다.

② 다음을 참고하여 내가 자주 사용하거나 먹는 제품 중에서 팜유가 들어간 제품이 있는지 찾아봅시다.

팜유 표기법: 식물성 유지, 팜유, 팜올레인유, 소듐라우릴설페이트, 팔미테이트 등

③ 인도네시아의 열대 우림이 없어지고 오랑우탄이 멸종 위기인 이 상황의 책임이 누구에게 있을지 전 세계 사람의 생활과 연결 지어 생각해 봅시다.

2. 다음 글을 읽고 지속 가능한 팜유 생산을 위한 관리가 투명하게 이루어지려면 어떻게 해야 할지 생각해 봅시다.

팜유 때문에 열대 우림이 사라지고 동물들이 멸종 위기에 처한 사실을 알면 팜유 사용을 줄이고, 더 나아가 팜유 생산을 금지해야 한다고 생각할지 모릅니다. 하지만 팜유 생산 금지는 이 문제의 완전한 해답이 될 수 없어요. 팜유를 대체할 다른 식물성 기름을 찾는다 해도 결국 그 기름을 만들기 위해 숲을 파괴할 테니까요. 세계자연보전연맹의 사무총장인 잉거 앤더슨은 팜유를 대체할 적절한 오일은 현재 없다면서, 유일한 해결책은 삼림 벌채를 하지 않고 지속 가능한 팜유를 생산하는 것이라고 말했습니다.

'지속 가능한 팜오일 산업 협의체(RSPO)'는 지속 가능한 팜유를 생산하고자 조직된 기구예요. 이 기구는 지속 가능한 팜유 생산을 하는 기업의 제품에 마크를 부여하고 있어요. 하지만 대한민국에는 RSPO 마크를 부여받은 제품이 거의 없어요. 인증을 받는 데 큰 비용이 드는 데 비해, 이에 대한 사람들의 인식은 낮기 때문이에요. 우리가 지속 가능한 팜유 제품을 이용하려면 사람들이 이 문제에 더 큰 관심을 가져야 해요.

▲ 지속 가능한 팜유 인증 마크

RSPO 마크에 대한 비판도 있습니다. 실제로 RSPO 인증을 받은 기업에서 여전히 대규모로 삼림 벌채를 해 왔다는 사실이 드러나기도 했지요. RSPO 마크가 기업의 면죄부로 사용되지 않으려면 기관의 엄격한 관리와 더불어 정부와 시민들의 지속적 관심이 필요할 것입니다. 그래야 소비자들이 믿고 제품을 살 수 있을 테니까요.

육상 생태계

들여다보기

1. 다음 자료를 보고 생물 다양성에 대해서 알아봅시다.

생물 다양성 종의 다양성뿐만 아니라 같은 종 안에서 유전자의 다양성, 생물들이 사는 생태계의 다양성을 포괄하는 개념을 말한다.

생태계 ⓐ 생태계 ⓑ

① 생태계 ⓐ와 ⓑ에서 개구리가 사라진다면 어떤 곳이 더 오래 유지될 수 있을지 말해 봅시다.

② 모기처럼 우리에게 해를 끼치는 생물도 보호해야 하는지에 대한 내 생각을 써 봅시다.

2. 다음 지도에서 표시한 곳 중 하나를 정해 그곳의 생물과 환경이 파괴된 원인을 알아봅시다.

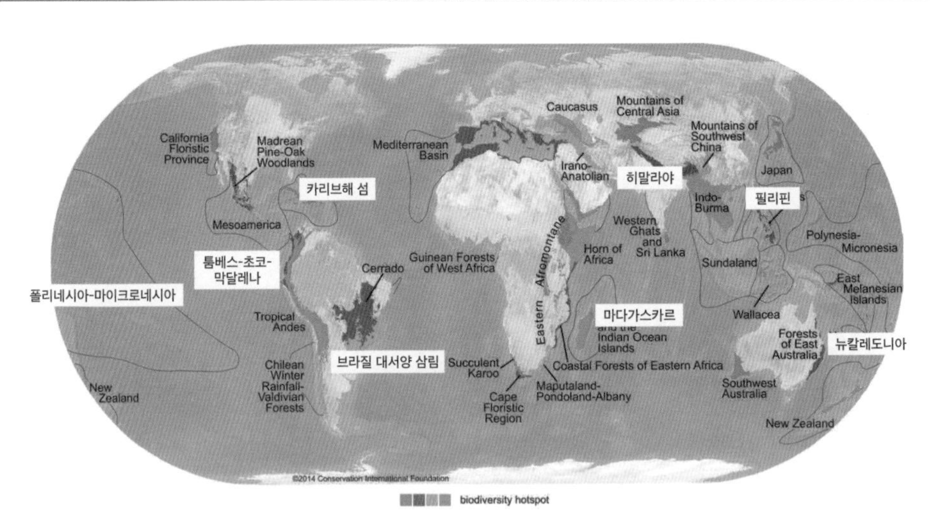

이 지도는 '생물 다양성 보존 중요 지점'을 나타냅니다. 생물 다양성 보존 중요 지점이란 생물학적으로 매우 중요한 생물들이 살고 있지만 파괴될 위기에 처한 지역을 일컫는 말입니다. 고유한 식물이 1,500종 이상 존재하면서 환경 파괴가 70% 이상 진행된 곳이 생물 다양성 보존 중요 지점으로 선정되며, 2022년 기준으로 36개 지역에 이릅니다. 많은 학자들은 이대로라면 이곳 대부분이 완전히 파괴될 것으로 보고 있습니다. 생물 다양성 보존 중요 지점은 지구가 우리에게 경고하는 '빨간불'인 셈입니다.

조사한 곳:	
살고 있는 생물들	환경이 파괴된 원인

3. 다음 글을 읽고 생물 다양성이 왜 중요한지 생각해 봅시다.

메르스, 에볼라, 사스 등 치명적인 바이러스 감염병에는 공통점이 있습니다. 바로 동물로부터 유래됐다는 점이에요. 연구자들은 코로나19의 숙주로 박쥐와 천산갑, 사스는 박쥐와 사향고양이, 메르스는 박쥐와 낙타를 추정하고 있습니다. 이렇게 동물에게 있었던 병원체가 인간에게 옮겨가 감염병을 일으키는 것을 인수 공통 감염이라고 해요. 그런데 이러한 감염이 점차 증가하고 있습니다. 최근 등장한 전염병의 75%는 동물에서 전파되었다고 하는데요. 왜 이런 현상이 벌어졌을까요?

연구자들은 이 현상의 원인으로 인간과 동물의 접촉이 증가한 사실을 지적합니다. 산림이 파괴되면서 서식지를 잃은 동물이 사람 사는 곳으로 내려오고, 그 결과 동물에 있던 병원체들이 인간에게 더 쉽게 전해졌다는 거예요. 일례로 에볼라가 발생한 지역을 조사한 결과 산림을 없앤 지역에서 바이러스가 더 유행했다는 연구 결과가 있습니다.

그리고 서식지가 파괴되어 생물 다양성이 무너지면 몸집이 큰 동물들은 사라지고 작은 동물들이 살아남습니다. 그런데 작은 동물들은 면역력이 약해서 바이러스에 취약해요. 즉, 동물 개체 수가 줄어들수록 전염병은 더 심해질 수밖에 없지요.

생물 다양성을 보존하고자 하는 것은 단순히 불쌍한 동물을 구하자는 의미에 그치지 않습니다. 이것은 인간인 우리를 보호하는 것과도 관계가 있어요. 우리는 자신을 지키기 위해서 생물들이 사라지지 않게 보호해야 합니다.

① 인수 공통 감염병이 무엇이고 왜 발생하는지 정리해 봅시다.

② 인수 공통 감염과 같은 일을 막기 위해서 어떤 노력을 해야 할지 적어 봅시다.

육상
생태계

함께하기

1. 다음 글을 읽고 동물 실험에 쓰이는 동물들에 대해 알아봅시다.

"피부에 자극을 주지 않습니다.", "민감성 테스트를 끝낸 제품입니다." 화장품을 고를 때 이런 문구가 있으면 안심하게 돼요. 안전한 제품일 테니까요. 기업은 사람에게 안전한 제품을 만들기 위해 수많은 테스트를 합니다. 이 테스트는 어떻게 하는 걸까요?

토끼는 눈물의 양이 적고 눈을 잘 깜빡거리지 않아 마스카라의 안전성을 알아보는 실험에 이용됩니다. 실험실에서는 수많은 토끼가 틀에 고정된 채 목만 내밀고 있어요. 화장품이 눈에 들어갔을 때 점막을 자극하는 정도를 알아보기 위해 토끼의 눈에 마스카라를 3,000번 이상 발라요. 이 과정에서 토끼는 눈이 멀기도 하고 틀을 빠져나오려고 몸부림치다 목이 부러져 죽기도 합니다. 실험에 이용되는 동물은 토끼뿐만이 아니에요. 쥐, 원숭이, 만화 『스누피』의 모델인 강아지 비글도 실험동물로 고통받고 있어요.

이런 동물의 고통에 안타까움을 느끼고 동물 실험을 금지하자는 목소리가 전 세계적으로 높아지고 있습니다. 2013년 유럽연합에서 화장품 동물 실험 전면 금지법을 시행한 것을 시작으로 노르웨이, 뉴질랜드, 인도 등 많은 국가가 동물 실험을 금지하고 있으며, 대한민국도 2017년부터 이에 동참하고 있어요.

① 동물 실험을 하지 않는 제품을 생산하는 기업을 찾고 그 이유를 알아봅시다.

② 인간의 안전을 위해서 동물 실험이 불가피하다는 의견 역시 존재합니다. 동물 실험에 대한 내 의견을 적어 봅시다.

2. 환경 파괴로 목숨을 위협받거나 고통을 겪는 동물들의 상황을 파악해 봅시다.

① 다음 동물들이 어떤 위기에 처해 있는지 알아보고 동물의 입장에서 사람들에게 보내는 메시지를 써 봅시다.

오랑우탄

㉮ 당신들이 사용할 팜유 농장을 만들기 위해 내가 사는 숲을 없애고 있지요. 나는 이제 살 집도 없고 먹을 것도 없어요. 숲은 당신들만의 것이 아니잖아요. 벌목을 중단하세요. 제발, 우리 같이 살자고요.

고릴라

거위

사향고양이

돌고래

② ①에서 쓴 메시지를 동물들의 심정이 드러나도록 친구들 앞에서 낭독해 봅시다.

3. 2에서 조사한 동물 중 하나를 골라 동물 생존권 선언 포스터를 만들어 봅시다.

05/22

세계 생물 다양성의 날

5월 22일은 '세계 생물 다양성의 날'로, 1993년 12월 29일 '생물 다양성 협약'이 발효된 것을 기념하기 위해 제정되었습니다. 생물 다양성은 동물이나 식물, 미생물 등을 둘러싼 생태계에 관한 것 이상으로 중요하여 인류와 식량 안전, 수질, 대기, 우리가 사는 환경 등에도 필요하다는 것을 많은 국가가 인식했기에 이 협약이 채택된 것입니다. 지구에서 더는 어떤 생물도 사라지지 않도록 관심을 기울이는 것이 절실한 때입니다.

2019년 환경부에서는 세계 생물 다양성의 날을 기념하는 의미로, 주변의 생물종을 5종 이상 찍어 SNS에 올리는 이벤트를 열어 생물에 관심을 두도록 독려했습니다.

❖ 우리 주변에 어떤 생물이 있는지 둘러보고 생물 5종을 찍어 봅시다.

SDGs 16

평화, 정의 강력한 제도

여러분이 경험한 가장 평화로웠던 순간과 그렇지 못한 순간은 언제인가요?

▶▶ 다음 만화를 보고 수업에서 무엇을 배울지 생각해 봅시다.

평화, 정의 강력한 제도

다가서기

1. 다음 글을 읽고 내가 생각하는 평화를 한 단어로 정의하고 그림으로 표현해 봅시다.

평화란 무엇일까요? 요한 갈퉁이라는 학자는 평화를 '폭력이 없는 상태'로 규정했습니다. 그리고 이 폭력은 테러나 전쟁 같은 직접적인 것 외에 빈곤과 차별 같은 간접적인 것도 포함한다고 했습니다. 갈퉁은 우리가 직접적인 폭력을 넘어 간접적인 폭력까지 없는 적극적 평화 상태로 나아가야 한다고 말했습니다.

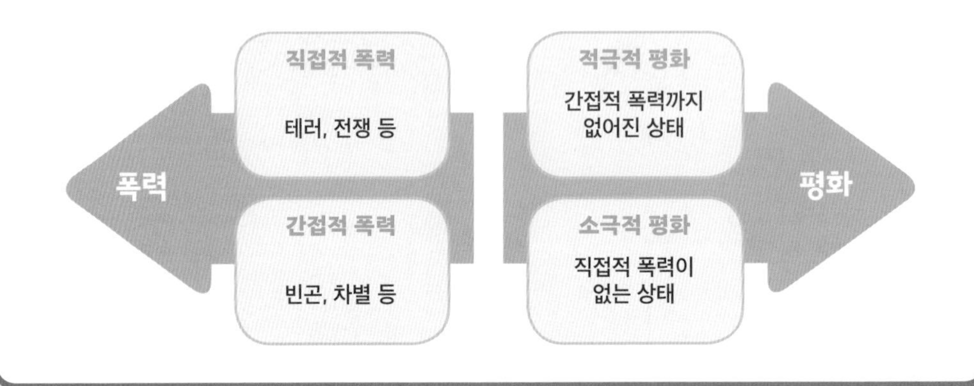

나에게 평화란 ________ (이)다.

왜냐하면,

2. 다음 글을 읽고 소년병의 생활에 대해 알아봅시다.

열세 살 임마누엘은 소년병 생활을 하다 힘겹게 탈출했습니다. 소년병이란 만 18세 미만의 아동이 전투에 직접 참여하거나 스파이, 심부름, 심지어는 성적 목적으로 학대받는 경우까지 포함해 일컫는 말입니다. 임마누엘은 소년병 시절을 떠올리면 아직도 몸이 벌벌 떨린다고 고백했습니다.

"사람들은 아이들이 강제로 납치되어 소년병이 된다고 생각하지만, 자발적으로 소년병이 되기도 해요. 나도 그중 하나지요. 소년병이 되기 전 나는 먹을 게 없어서 매일 굶어야 했어요. 어느 날 친구가 무장 단체에 들어가자고 했어요. 그곳에선 굶지 않는다고 했지요. 내겐 선택지가 없었던 셈이에요. 그렇게 들어간 곳도 천국이 아니더군요. 그들이 총을 쏘라고 하면 쏴야 했어요. 내가 누군가를 해치고 있다는 생각에 너무나도 괴로웠지만 어쩔 수 없었어요. 나중엔 나 역시도 그들처럼 괴물이 되어 가는 느낌이었어요. 밥도 제대로 먹을 수 없었어요. 내 친구는 영양실조로 죽었는걸요. 지옥 같았지요."

유엔이 아동 및 무력 충돌 안전 보장 이사회에 제출한 연례 보고서에 따르면 2020년 세계 21개 분쟁 지역에서 8,500여 명의 어린이가 임마누엘처럼 소년병이 되었습니다. 그리고 2020년 한 해 동안 죽거나 폭력에 노출된 아이들이 1만 9,000여 명에 달했습니다. 분쟁 때문에 수많은 어린이가 고통받는 것입니다.

① 임마누엘과 같은 어린이들이 총을 들어야만 했던 이유는 무엇인지 말해 봅시다.

② 전쟁이 인간의 삶에 어떤 영향을 미치는지 써 봅시다.

3. 다음은 2021년 세계 평화 지수를 나타낸 지도입니다. 216~217쪽을 참고하여 지도에서 붉은색을 띠는 곳 중 하나를 고르고 그 원인을 조사해 봅시다.

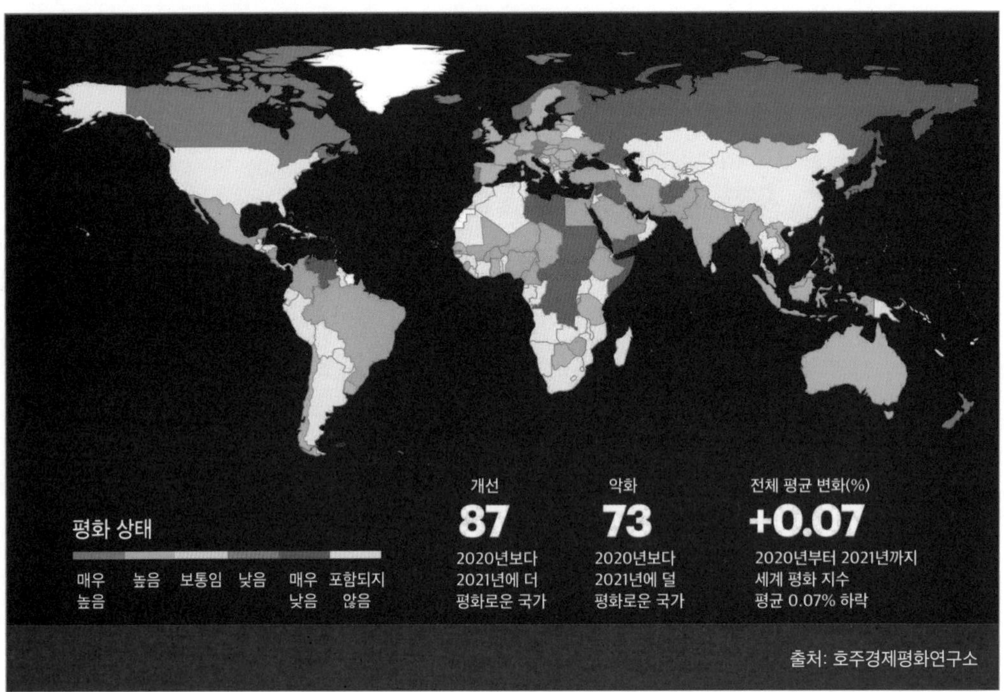

내가 고른 국가	조사한 내용

평화, 정의
강력한 제도

들여다보기

❖ **2021년 미얀마 시위에 대해 알아보고 우리의 힘을 보태 봅시다.**

① 다음 글을 읽고 미얀마 시민들이 목숨을 걸고 시위에 참여하는 이유를 알아봅시다.

2021년 3월 3일, 미얀마에서 한 소녀가 총탄을 맞아 목숨을 잃었습니다. 그 소녀의 이름은 치알신. 치알신은 대한민국에 관심이 많아서 케이팝을 자주 듣고 태권도도 열심히 했지요. 평범했던 이 소녀는 왜 이런 안타까운 죽음을 맞이한 걸까요?

2015년 미얀마는 53년 만에 군부 독재를 청산하고 국민이 뽑은 민주 정부를 수립했어요. 미얀마 국민들은 미얀마에 봄이 왔다며 희망찬 미래를 꿈꾸었지요. 그러나 5년 만에 시린 겨울이 찾아옵니다. 2021년 2월 1일, 군부가 쿠데타를 일으킨 거예요. 미얀마의 시계는 다시 옛날로 돌아갔습니다.

이에 미얀마의 시민들은 빼앗긴 봄을 찾기 위해 저항 운동을 시작했어요. 치알신도 미얀마의 시민으로 군부에 저항하기 위해 거리로 나왔던 거예요. 시민들은 시위를 저지하는 군인과 경찰에게 장미꽃을 건네거나 선거, 민주주의, 자유를 의미하는 세 손가락 경례를 하는 등 평화로운 방법으로 시위를 이어 갔습니다.

하지만 군부는 시위대를 무차별적으로 진압했습니다. 특히 3월 27일에는 100명 이상의 시민이 군부에 목숨을 잃었어요. 피의 토요일이라 불리는 이날에는 겨우 한 살 된 아기조차도 눈에 고무탄을 맞아 심각한 부상을 입었습니다.

생의 마지막 날, 치알신이 입은 티셔츠에는 “Everything will be OK.”라는 문구가 적혀 있었습니다. 미얀마는 언제쯤 이 티셔츠의 문구처럼 괜찮아질 수 있을까요?

② 미얀마 시민들이 시위하는 배경을 더 알아보고 관련 인물, 사건, 피해 상황 등을 포함하는 현재까지의 타임라인을 정리해 봅시다.

③ 미얀마의 평화를 응원하기 위해 우리는 어떤 일을 할 수 있는지 생각해 보고 그중 하나를 실천해서 SNS에 인증 사진을 올려 봅시다.

• 우리가 할 수 있는 일

• 내가 실천한 일

평화, 정의
강력한 제도

함께하기

1. 다음 글을 읽고 천연자원에 대한 욕심으로 평화가 깨진 사례를 살펴봅시다.

영화나 드라마에서 연인에게 다이아몬드 반지를 건네며 청혼하는 장면을 종종 볼 수 있어요. 지구상에서 가장 단단한 물질인 다이아몬드는 특유의 속성 때문에 주로 영원한 사랑을 약속할 때 쓰입니다. 시에라리온은 세계에서 가장 많은 다이아몬드 매장량을 자랑하는 3개국 중 하나입니다. 그러면 시에라리온은 엄청난 부자 국가일까요?

시에라리온은 인구의 절반 이상이 기아에 시달리는 국가예요. 시에라리온은 영국의 식민지에서 벗어난 뒤 정치적으로 굉장히 혼란스러웠습니다. 쿠데타와 내전이 무려 11년 동안 반복되었어요. 내전이 그렇게나 길어졌던 이유는 바로 다이아몬드 때문이었어요. 정부군과 반군은 다이아몬드를 차지하기 위해 치열하게 전투를 벌였어요. 이웃 국가도 다이아몬드에 관심이 있어 다이아몬드를 나누는 조건으로 반군에게 무기와 자금을 공급했습니다. 그렇게 얻은 다이아몬드는 또 다른 전쟁을 위한 자금줄이 되었습니다.

문제는 이 전쟁으로 희생되는 사람들이었어요. 전쟁을 치른 10년 동안 최소 7만 명이 사망하고, 260만 명이 삶의 터전을 잃었습니다. 이 전쟁에는 많은 소년병이 동원되었어요. 소년병들은 총알받이나 첩자가 되어야 했습니다. 반군들은 소년병들에게 마약을 먹이기까지 했지요. 또 다이아몬드를 캐기 위해 많은 사람이 하루에 10시간 이상 강제로 일해야 했어요. 내전이 끝난 지 오래되었지만 전쟁의 상처는 여전히 남아 있어요.

비슷한 일이 다른 곳에서도 일어나고 있어요. 바로 콩고 민주 공화국의 광물 콜탄 문제입니다. 전 세계 콜탄의 대부분은 콩고 민주 공화국에 매장되어 있어요. 콜탄을 가공하면 탄탈룸이라는 금속을 얻을 수 있는데, 우리가 매일 쓰는 스마트폰 등의 전자 기기에 탄탈룸이 들어갑니다. 탄탈룸은 높은 온도에 잘 견디는 성질이 있기 때문에 전자 기기에 반드시 들어가야 하는 물질이에요. 시에라리온의 다이아몬드처럼 콜탄도 분쟁에 얽혀 있어요. 콜탄을 손에 넣기 위해 끊임없이 갈등이 생기고 사람들의 노동이 착취되고 있습니다.

아름다운 다이아몬드, 우리의 생활에서 뗄 수 없는 전자 기기들. 여기에는 수많은 사람의 피와 눈물이 묻어 있습니다.

① 다이아몬드, 콜탄 외에 또 다른 분쟁 광물로 어떤 것이 있는지 찾아봅시다.

② 우리 생활에서 꼭 필요한 천연자원 때문에 분쟁이 생기지 않게 하려면 어떤 노력이 필요할지 떠올려 봅시다.

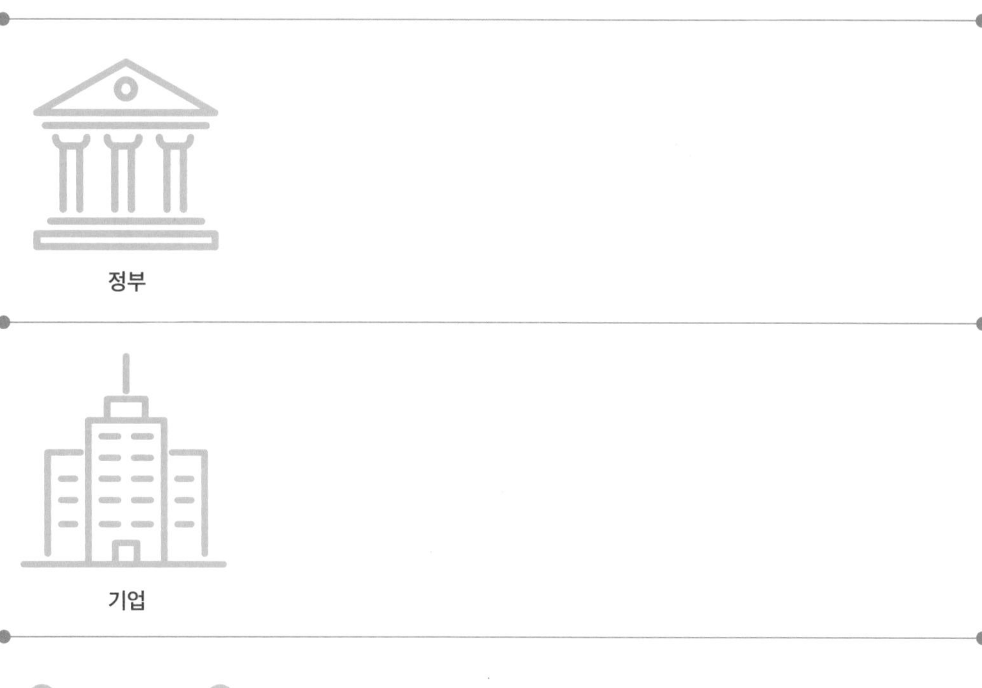

2. 다음 「뿌린 대로 거두리라」라는 제목의 반전 캠페인 광고를 보고 평화를 위한 광고 포스터를 제작해 봅시다.

출처: 이제석 광고연구소

09/21

세계 평화의 날

9월 21일은 유엔이 정한 '세계 평화의 날'입니다. 전쟁을 비롯한 모든 형태의 폭력을 중단하자고 촉구하는 날로 '총성 없는 날'이라고 부르기도 합니다.

세계 평화의 날은 매년 슬로건이 있는데 2020년의 주제는 '함께 만드는 평화'였습니다. 특히 코로나19 같은 전염병으로 모든 인류가 고통받는 상황에서 평화로운 세상을 만들려면 우리 모두의 소통과 협력이 더욱 중요하다는 의미입니다. 진정한 평화가 있는 세상을 만들기 위해서 무엇이 필요할지 고민해 봅시다.

❖ 우리가 평화를 위한 국제회의 기구의 구성원이라 가정하고 평화를 위한 약속을 새롭게 만들어 봅시다.

평화를 위한 공동 약속

제1조:

SDGs 17

글로벌 파트너십

여러분은 세상에서 몇 명의 사람과 연결되어 있을까요?

▶▶ 다음 만화를 보고 수업에서 무엇을 배울지 생각해 봅시다.

글로벌 파트너십

다가서기

1. 다음 글을 읽고 국제적 연대와 협력을 추구하는 기관이나 기구를 찾아 활동 내용을 정리해 봅시다.

2020년 노벨 평화상의 영예는 유엔세계식량계획에 돌아갔습니다. 노벨 위원회는 수상을 발표하며 국제적 연대와 협력의 중요성을 언급했습니다. 특히 코로나19 상황에서 식량의 중요성은 그 어느 때보다도 중요하기에 기아 퇴치 및 식량 안보 증진 노력을 기울인 유엔세계식량계획이 수상하게 되었다고 밝혔습니다.

유엔세계식량계획은 2020년 84개국에서 1억 1,550만 명을 도운 세계 최대 규모의 인도적 지원 기관으로, 단순히 식량을 배분하는 것만이 아니라 긴급 재난 상황 시 식량을 지원하고 식량 안보를 개선하며, 사회 기본 시설과 생계 복구력을 키우기 위해 노력하고 있습니다. 이를 위해 매일 트럭 5,600대, 선박 20척, 그리고 100대에 가까운 항공기를 활용해 전 세계의 도움이 가장 절실한 사람들에게 식량을 지원하고 있습니다. 또한 900개가 넘는 국내외 비정부 기구와 협력해 식량을 지원하며 기아의 근본 원인을 해결하려고 노력합니다.

- **기관명:**
- **설립 연도:**
- **설립 목적:**
- **주요 활동:**
- **기타:**
- **기관에 대한 내 생각:**

2. 다음 그래프를 보고 유엔 가입의 의미와 회원국의 역할에 대해 생각해 봅시다.

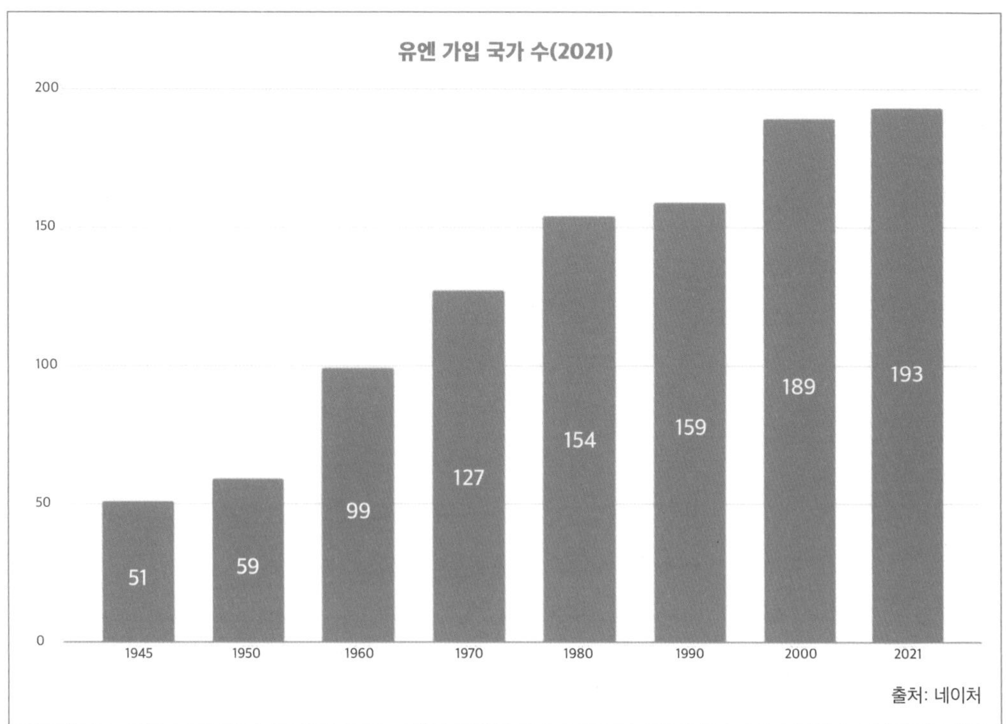

① 유엔 가입국 수의 변화는 역사적 사건과 흐름을 반영합니다. 다음 시대별 유엔 회원국 수가 크게 늘어난 이유가 무엇인지 찾아봅시다.

	주요 신규 회원국	신규 회원국 증가 이유 및 배경
1950년~1960년		
1990년~2000년		

② 다음 글을 읽고 대한민국의 유엔 가입 과정을 확인해 봅시다.

대한민국의 유엔 가입은 1991년 9월 17일에 이루어졌습니다. 1948년 제3차 유엔 총회에서 한반도 유일의 합법 정부로 승인되어 1949년 1월 유엔 가입을 신청했지만, 구소련의 거부로 유엔 가입이 받아들여지지 않았습니다. 북한도 1949년 2월 가입을 신청했지만, 구소련 이외에 협조하는 국가가 없어 심사조차 받지 못했습니다.

1988년 서울 올림픽을 성공적으로 개최하고 1990년 구소련과 수교를 체결해 외교 기반을 쌓아 가면서 대한민국은 다시 한번 유엔 가입을 위해 노력했습니다. 1991년 구소련의 해체와 함께 국제 정세가 급변했습니다. 탈냉전의 시대가 되어 대한민국의 유엔 가입 지지 분위기가 확산되면서 마침내 남북한은 동시에 유엔에 가입했습니다.

유엔 가입 30년이 지난 2021년 7월 4일, 유엔무역개발회의에서 한국의 지위가 만장일치로 개발 도상국에서 선진국으로 변경되었습니다. 이는 대한민국의 위상 강화를 반영하는 것으로, 1964년 이 기구가 만들어진 뒤 처음 있는 일이었습니다.

- 대한민국이 유엔에 가입하는 데에 43년의 시간이 걸린 이유를 말해 봅시다.

- 대한민국이 선진국이 된 것의 의미와 대한민국이 국제 사회에서 해야 하는 역할에 대해 친구들과 이야기해 봅시다.

글로벌 파트너십

들여다보기

1. ‘체인저스 게임’을 하며 협력을 통한 문제 해결을 경험해 봅시다.

게임 소개

인원: 3~5명 또는 3~5 모둠(개별 및 모둠별 게임 가능)

목적: 세계 각지에서 일어나는 글로벌 이슈를 해결해 함께 세상을 변화시키는 것

게임 보드

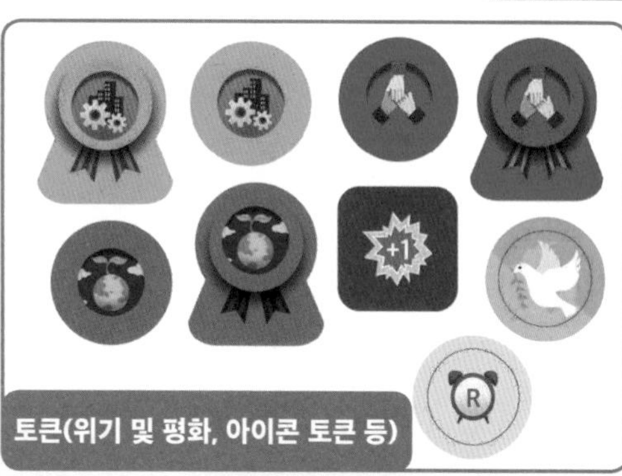

토큰(위기 및 평화, 아이콘 토큰 등)

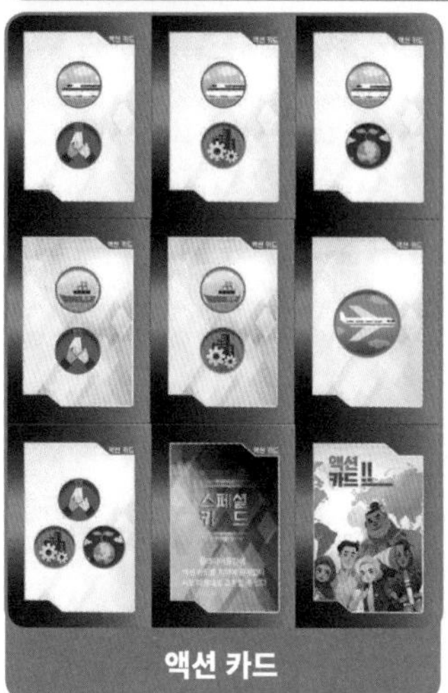

액션 카드

글로벌 이슈 카드

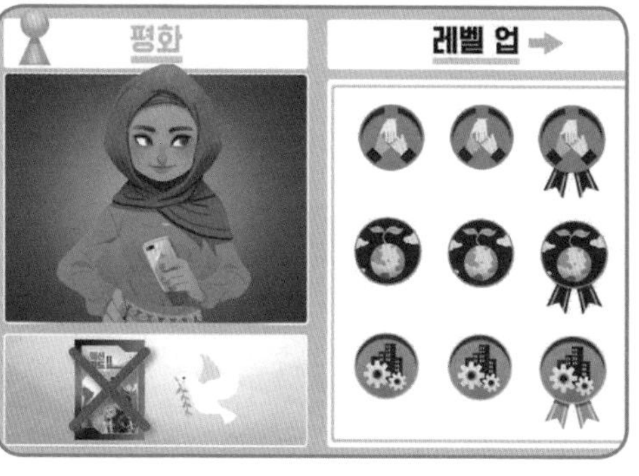

캐릭터 시트

주사위, 말

① 게임을 준비하고 진행하기 위해 튜토리얼 영상을 미리 시청해 봅시다.

② 게임에서 협동하며 글로벌 이슈를 해결해 봅시다.

2. 게임을 마친 뒤에 모둠원들과 함께 토의해 봅시다.

① 글로벌 이슈 카드에 담긴 문제 상황은 어떤 것이었는지 이야기해 봅시다.

② ①에서 이야기한 이슈 중에 한두 가지를 골라서 그 문제를 해결하기 위해 우리가 어떤 노력을 하고 있는지 이야기하고 정리해 봅시다.

● 글로벌 이슈 1: ______________________

	해결하기 위한 노력의 예	앞으로 나의 다짐
개인적 노력		
국가 차원의 노력		
국가 간 협력을 통한 노력		

● 글로벌 이슈 2: ______________________

	해결하기 위한 노력의 예	앞으로 나의 다짐
개인적 노력		
국가 차원의 노력		
국가 간 협력을 통한 노력		

함께하기

❖ 지금까지의 활동을 바탕으로 나만의 '세계 시민 여권'을 만들어 봅시다.

① 세계 시민에게 요구되는 자질과 특징은 무엇인지 나열해 봅시다.

② ①에서 나열한 내용을 바탕으로 나만의 해시태그를 만들어 봅시다.

#세계시민 #__________ #__________ #__________ #__________

③ 나만의 '세계 시민 여권'을 만들고 친구들이 만든 여권을 살펴봅시다.

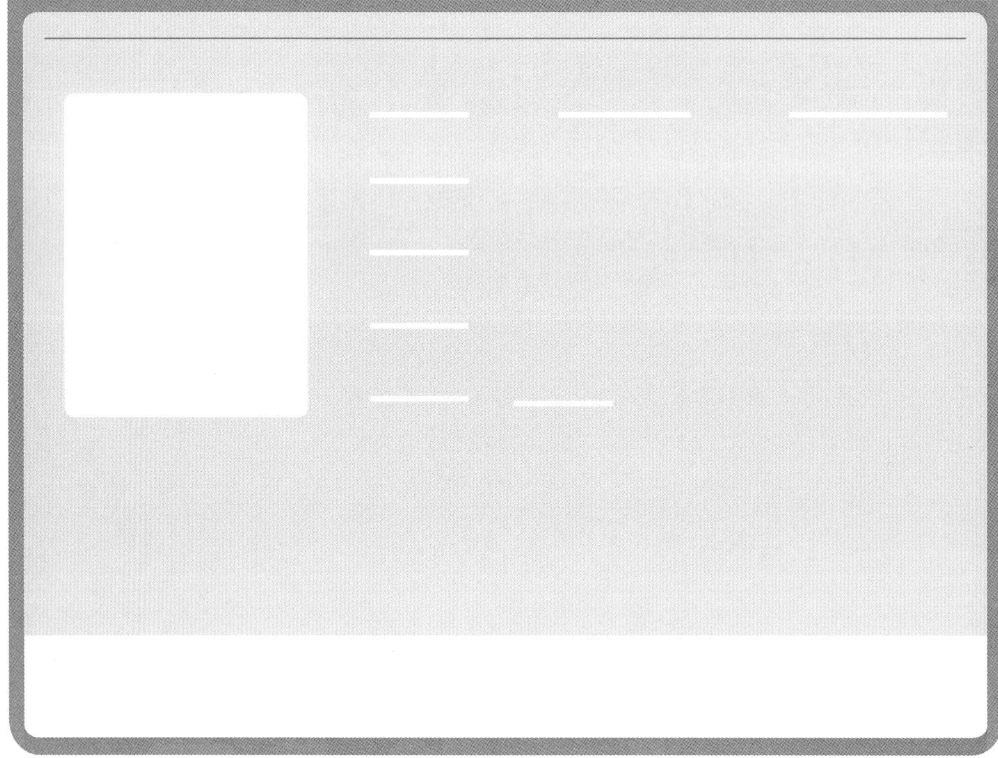

12/20

국제 인간 연대의 날

12월 20일은 '국제 인간 연대의 날'로 사람과 사람이 함께하는 연대의 중요성을 널리 알리기 위해 유엔에서 제정했습니다. 이날은 글로벌 협력과 연대의 기반을 강조하고, 빈곤 퇴치를 비롯한 전 세계의 지속 가능한 발전을 위해 모든 국가가 함께 노력하자는 결의를 다지는 날입니다.

유엔은 국제 인간 연대의 날을 기념해 세계 시민들이 다양성 안에서 서로 단결하고, 각국 정부들에 국제 협약을 이행할 것을 상기시키며, 지속가능발전목표를 달성하기 위해 모두가 연대할 방안을 모색합니다. 또한 빈곤 퇴치를 위한 행동에 나설 것을 장려합니다.

❖ 국제 인간 연대의 날을 홍보하기 위한 학교 행사를 기획해 봅시다.

- 행사명:
- 행사 목적:
- 행사 내용:
- 행사 방법:
- 기타 사항:

[부록] 세계 지도

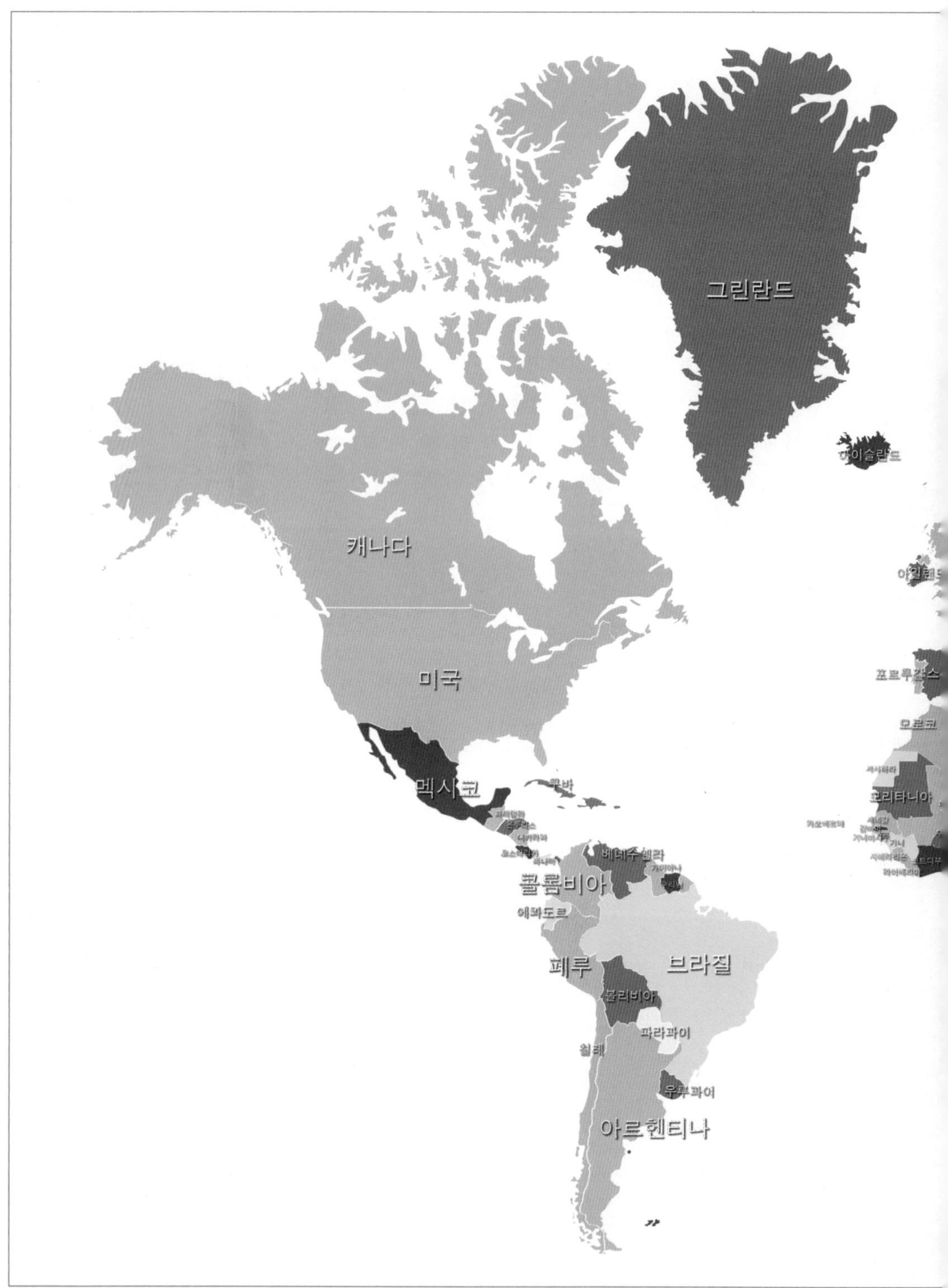
그린란드
아이슬란드
캐나다
미국
멕시코
쿠바
베네수엘라
콜롬비아
에콰도르
페루
브라질
볼리비아
파라과이
칠레
우루과이
아르헨티나
모로코
모리타니아

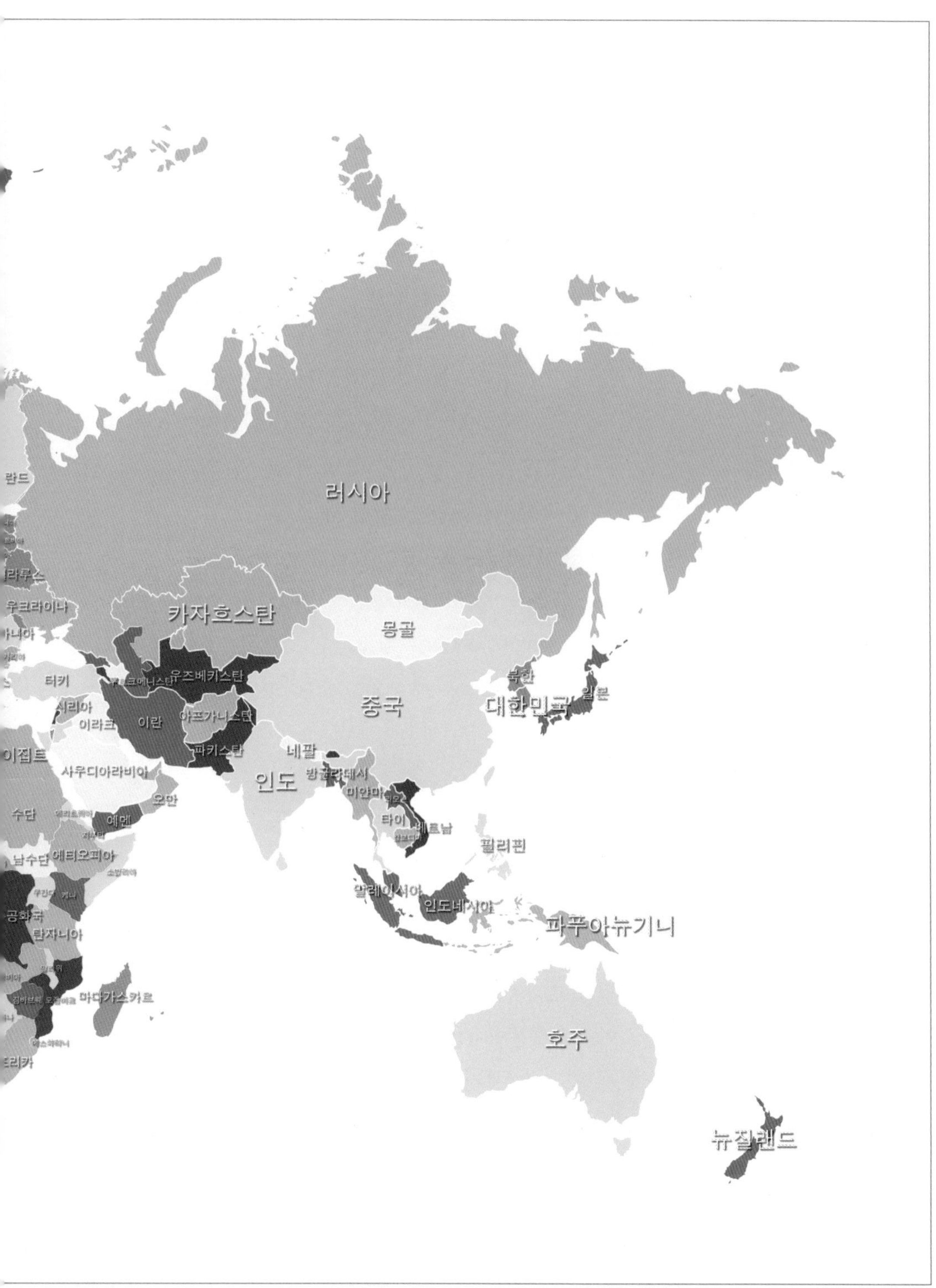
러시아
우크라이나
카자흐스탄
몽골
우즈베키스탄
터키
시리아
이라크
이란
아프가니스탄
파키스탄
중국
북한
대한민국
일본
이집트
사우디아라비아
네팔
인도
방글라데시
미얀마
오만
예멘
수단
타이
베트남
필리핀
남수단
에티오피아
말레이시아
인도네시아
탄자니아
파푸아뉴기니
마다가스카르
호주
뉴질랜드

참고 자료 및 출처

※ 본문의 지속가능발전목표 만화는 마르흐레이트 데 헤이르의 만화를 원본으로 삼아, 집필자가 번역하고 화가가 다시 그린 것입니다.

● SDGs 1 빈곤 종식

17쪽 • 코코아 농장에 출근하는 어린이의 하루 | 유니세프 사이트(www.unicef.org) 참고

18쪽 • 2021년도 다차원 빈곤 지수 | 유엔개발계획 사이트(www.undp.org)

20쪽 • 아이티 상황 글 | 윤예림 지음, 『빈곤: 풍요의 시대, 왜 여전히 가난할까?』(풀빛, 2018)

24쪽 • 빈곤 문제 해결 글 | 김현주 지음, 『세계의 빈곤, 게을러서 가난한 게 아니야!』(사계절, 2016) 참고

● SDGs 2 기아 해결

31쪽 • 세계 기아 지도 | 유엔세계식량계획 한국사무소 공보팀 제공

32쪽 • 차드에 사는 짐의 편지 | 문화일보 「지구촌 호수들이 말라간다」 참고

32쪽 • 차드에 사는 짐의 편지 | Lake Chad remains stable, yet Boko Haram still thrives. Part 1: The lake(www.americansecurityproject.org) 참고

39쪽 • QR 코드 영상 | 유엔세계식량계획 유튜브(www.youtube.com/watch?v=jzGcWt3h1SE)

● SDGs 3 건강과 복지

43쪽 • GDP 대비 의료비 지출 비율(2019) | OECD DaTa 사이트(data.oecd.org/healthres/health-spending.htm)

43쪽 • 인구수 대비 정부/사회 건강 보험으로 종합 건강 관리를 받는 비율(2019) | OECD Stat 사이트(stats.oecd.org/viewhtml.aspx?datasetcode=HEALTH_PROT&lang=en)

44쪽 • 민간 의료 보험 체계 글 | 미국 질병통제예방센터(www.cdc.gov) 참고

51쪽 • 세계보건기구헌장 제1장 제1조 | 세계보건기구 사이트(www.who.int)

● SDGs 4 양질의 교육

54쪽 • 말랄라 유사프자이 사진 | Southbank Centre, 위키미디어 커먼즈 사이트(https://commons.wikimedia.org/w/index.php?curid=37229900)

55쪽 • 청소년들의 진학 상황 그래프 | 유니세프 보고서 『How are children progressing through school? Education Pathway Analysis』 유니세프 사이트(https://data.unicef.org)
56쪽 • 코로나19 학교 폐쇄 지도 | 세계은행 사이트(www.worldbank.org)
56쪽 • 유니세프 사무총장의 2021년 1월 12일 성명문 | 유니세프 사이트(www.unicef.org)

● SDGs 5 성평등

66쪽 • 성별 격차 지수 지도 | 세계경제포럼 사이트(www.weforum.org)
71쪽 • 성인지 감수성 글 | 여성가족부 사이트(www.mogef.go.kr)
본 저작물은 '여성가족부'에서 '2020년' 작성하여 공공누리 제4유형으로 개방한 '성인지 감수성으로 양성평등한 세상 바로 알기(작성자: 박은영)'를 이용하였으며, 해당 저작물은 '여성가족부 누리집(http://www.mogef.go.kr)'에서 무료로 다운받으실 수 있습니다.

● SDGs 6 깨끗한 물과 위생

79쪽 • 노상 배변 글 | 『2020 세계 위생 보고서』, 유니세프 사이트
(https://www.unicef.org/media/86836/file/State-of-the-world's-sanitation-2020.pdf)
81쪽 • 케냐 장미 농장 글 | SBS 스페셜 특집 2부작 「물은 누구의 것인가」 참고
81쪽 • 케냐 장미 농장 글 | 웹진 MOO(www.incheon.go.kr/moo) 「아름다운 장미? 정말로?: 갈증 속에서 피어난 장미에 대하여」 참고
82쪽 • 물 스트레스 정도 지도 | 세계자원연구소 사이트(www.wri.org)
84~85쪽 • 물 발자국 계산 | 헤럴드경제 「'물 발자국' 당신은 오늘 얼마나 찍었을까」 참고
84~85쪽 • 물 발자국 계산 | 한국수자원공사 「환경 보호를 위한 발자국 줄이기, 물 발자국이란?」 참고
84쪽 • 물 발자국 글 | 이수정 지음, 『물 발자국 이야기』(가교출판, 2016) 참고

● SDGs 7 지속 가능한 청정 에너지

93쪽 • 태양광 시설 현황 지도 | Scientific data 사이트(www.nature.com)
93쪽 • 풍력 발전 시설 현황 지도 | Scientific data 사이트(www.nature.com)

● SDGs 8 좋은 일자리와 경제 성장

104쪽 • 일자리와 경제 성장 글 | 유엔 사이트(www.un.org) 참고

104쪽 • 일자리와 경제 성장 글 | 지속가능발전포털 사이트(http://ncsd.go.kr) 참고

105쪽 • 좋은 일자리를 위해 보장받을 권리 | "Decent Work for All: A Holistic Human Rights Approach."(2021), American University Internaional Law Review vol.26 no.2:441-83, MacNaughton, Gillian, and Diane F. Frey.

106쪽 • 전 세계 1인당 GDP 연간 성장(2019, 2020) | 아워월드인데이터 사이트(https://ourworldindata.org)

108쪽 • 지구 온난화와 일자리 글 | 『지구 온난화가 노동에 미치는 영향(2019)』, 국제노동기구 사이트(www.ilo.org)

109쪽 • 코로나19와 일자리 글 | 『코로나19와 직업 세계 보고서(2021)』, 국제노동기구 사이트(www.ilo.org)

111쪽 • 산업 재해 글 | 『세계 안전 보건 보고서(2019)』, 국제노동기구 사이트(www.ilo.org)

112쪽 • 현대판 노예 현황 | 『현대 노예 제도의 세계적인 추정치: 강제 노동과 강제 결혼(2017)』, 국제노동기구 사이트(www.ilo.org)

● SDGs 9 사회 기반 시설

118쪽 • 물류 산업 글 | 한국일보 「드넓은 대륙에서 당일 배송 가능케 한 중 물류 혁명」 참고

119쪽 • 전 세계 인터넷 활용 실태 그래프 | 『Facts and Figures 2021』, 국제전기통신연합 사이트(www.itu.int)

125쪽 • 공유 허브 사이트 캡처 | 서울특별시 공유 허브 사이트(http://sharehub.kr/)

● SDGs 10 불평등 감소

131쪽 • 국가별 상위 10% 소득 점유율(2021) 지도 | 세계불평등데이터베이스 사이트(https://wid.world)

136쪽 • 평등의 의미 글 | 경기도 교육청 『더불어 사는 민주 시민 교과서』

● SDGs 11 지속 가능한 도시와 공동체

140쪽 • 보봉 마을 글 | 초등학교 『국어』 4학년 1학기 교과서 참고

142쪽 • 도시에 사는 인구 글 | 『2020 세계 도시 보고서』, 유엔해비타트 사이트(https://unhabitat.org)

142쪽 • 도시에 사는 인구 지도 | 아워월드인데이터 사이트(https://ourworldindata.org)

143쪽 • 쿠리치바 글 | 부산일보 「도시의 기억은 오래된 가족사진과 같다」 참고

146쪽 • 국민 신문고 사이트 캡처 | 국민 신문고 사이트(www.epeople.go.kr)

● SDGs 12 지속 가능한 소비-생산

154쪽 • 초콜릿 제조 회사(국가) | 국제코코아기구 (https://blog.bizvibe.com/blog/food-beverages/top-10-largest-chocolate-companies-world)

154쪽 • 코코아콩 생산 국가 | 국제코코아기구 (https://www.kakaoplattform.ch/about-cocoa/cocoa-facts-and-figures)

155쪽 • 국제공정무역기구 마크 | 국제공정무역기구 사이트(https://wfto-europe.org)

155쪽 • 공정 무역 10대 원칙 그림 | 국제공정무역기구 사이트(https://wfto-europe.org)

● SDGs 13 기후 변화 대응

162쪽 • 기후 난민 이와네 테이티오타 글 | 유엔인권고등판무관 사이트(www.ohchr.org) 참고

163쪽 • 기후 변화 지도(2010) | 네이처 사이트(www.nature.com)

163쪽 • 기후 변화 예상 지도(2030) | 네이처 사이트(www.nature.com)

165쪽 • 연료 연소에 의한 CO_2 배출량 표 | 2050 탄소중립위원회, 『탄소중립 학습 자료집』

169쪽 • 탄소 중립 일지 | 2050 탄소중립위원회 사이트(www.2050cnc.go.kr)

● SDGs 14 해양 생태계

176쪽 • 바다로 배출되는 플라스틱 쓰레기(2019) 지도 | 아워월드인데이터 사이트 (https://ourworldindata.org)

178쪽 • 파란고리문어 글 | 파이낸셜뉴스 「바다 수온↑…서귀포서 '맹독' 파란고리문어 잇단 발견」 참고

178쪽 • 갯녹음 현상 글 | 한겨레 「제주도 모든 해안 '하얀 사막화' 갯녹음 현상 번졌다」 참고

178쪽 • 갯녹음 현상 사진 | 연합뉴스

● SDGs 15 육상 생태계

186쪽 • 지속 가능한 팜유 인증 마크 | 지속 가능한 팜오일 산업 협의체 사이트 (www.rspo.org)

186쪽 • 지속 가능한 팜유 생산 글 | realfoods 「팜유 사용 왜 논쟁 거리일까」 참고

186쪽 • 지속 가능한 팜유 생산 글 | 국제자연보전연맹 사이트(www.iucn.org) 참고

186쪽 • 지속 가능한 팜유 생산 글 | 한겨레 「팜유를 즐긴 당신, 열대 우림의 살인 청부자」 참고

188쪽 • 생물 다양성 보존 중요 지점 지도 | 위키피디아 사이트(https://en.wikipedia.org)

189쪽 • 동물로 옮기는 전염병 글 | 국제신문 「인수 공통 감염병의 도래…"삶의 태도·사회 구조 바꿔야」 참고

189쪽 • 동물로 옮기는 전염병 글 | PubMed Central® (PMC)(www.ncbi.nlm.nih.gov) 참고

189쪽 • 동물로 옮기는 전염병 글 | 기모란 외 9명 지음, 『멀티플 팬데믹』(이매진, 2020) 참고

190쪽 • 동물 실험 글 | 오마이뉴스 「눈에 마스카라한 토끼, 이젠 사라지나」 참고

● SDGs 16 평화, 정의 강력한 제도

196쪽 • 평화에 대한 글 | 김명희 지음, 『종교·폭력·평화 — 요한 갈퉁의 평화 이론을 중심으로』(한국종교학회, 2009)

197쪽 • 소년병 임마누엘 글 | 유엔 사이트(www.un.org) 참고

198쪽 • 세계 평화 지수 지도 | 호주경제평화연구소 사이트(www.visionofhumanity.org)

199쪽 • 치알신 사진 | 레딧 사이트(https://www.reddit.com)

204쪽 • 「뿌린 대로 거두리라」 광고 | 이제석광고연구소 사이트(www.jeski.org)

● SDGs 17 글로벌 파트너십

209쪽 • UN 가입 국가 수(2021) 그래프 | 유엔 사이트(www.un.org) 참고

211쪽 • '체인저스' 게임 | 유네스코 아시아태평양 국제이해교육원 제공

교실에서 세계 시민 되기

SDGs 테마 수업 워크북 중등 편

초판 1쇄 발행 2022년 3월 30일
초판 4쇄 발행 2023년 8월 16일

지은이 • 강혜미 박민수 백수진 양철진 이예지 이지홍 정현미 홍연진
펴낸이 • 김종곤
기획 • 유네스코 아시아태평양 국제이해교육원
편집 • 김현정 최윤영
조판 • 이주니
펴낸곳 • (주)창비교육
등록 • 2014년 6월 20일 제2014-000183호
주소 • 04004 서울특별시 마포구 월드컵로12길 7
전화 • 1833-7247
팩스 • 영업 070-4838-4938 | 편집 02-6949-0953
홈페이지 • www.changbiedu.com
전자우편 • contents@changbi.com

ISBN 979-11-6570-125-3 43300

빈곤 종식: 22쪽 '쌀 판매 대결' 게임

돈

$10 $10 $10 $10

$10 $10 $10 $10

$100 $100 $100 $100

$100 $100 $100 $100

$500 $500 $500 $500

$500 $500 $500 $500

$1000 $1000 $1000 $1000

$1000 $1000 $1000 $1000

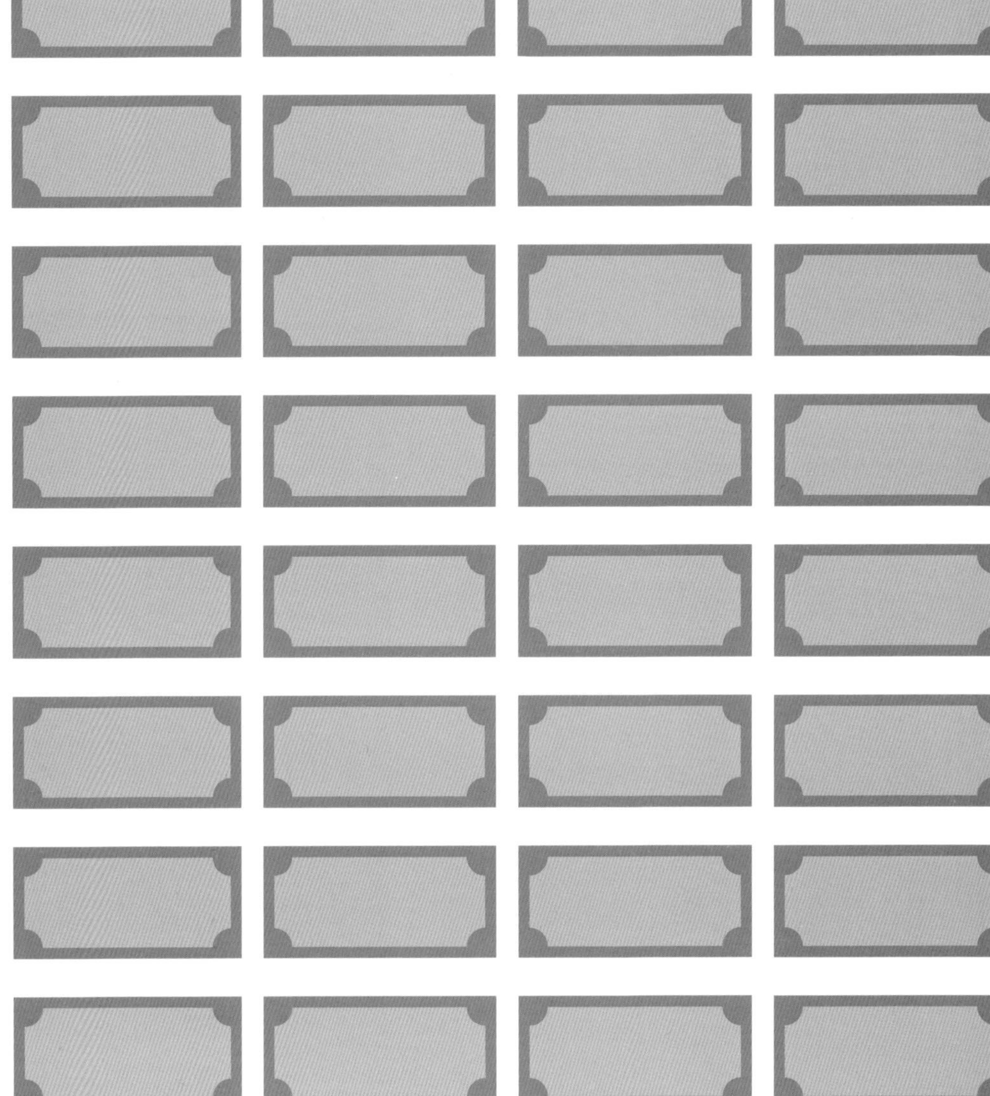

A국 가격 제안서

A국 가격 제안서
쌀 단가
달러
*십의 자리 이하만 가능
관세 100달러
최종 단가
달러
A국 가격 제안서
쌀 단가
달러
*십의 자리 이하만 가능
관세 100달러
최종 단가
달러

B국 가격 제안서

A국 2차 가격 제안서

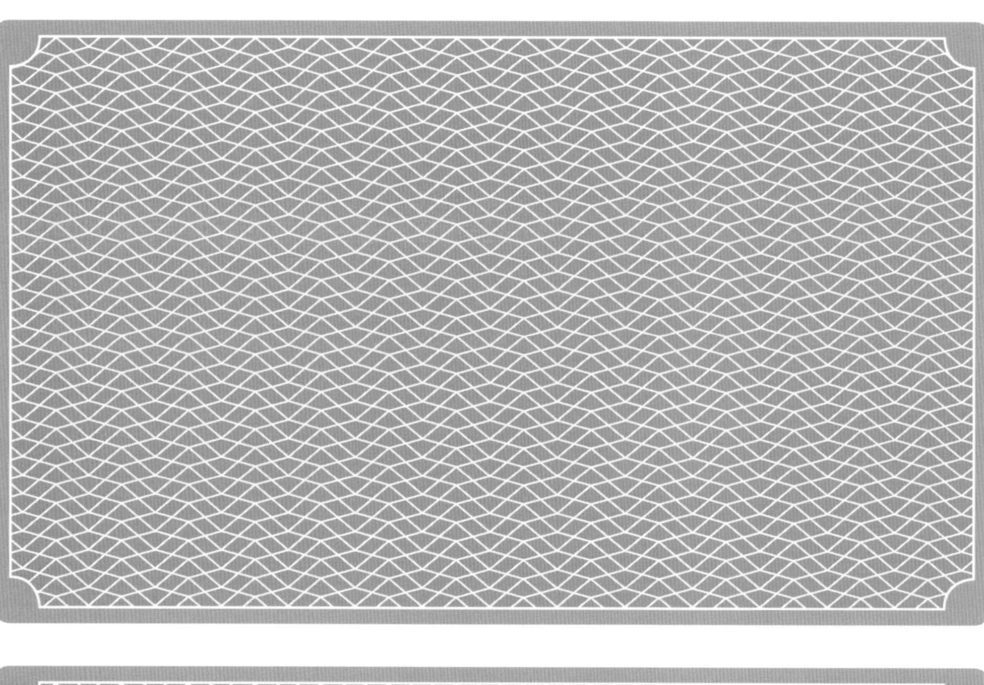

B국 2차 가격 제안서

쌀

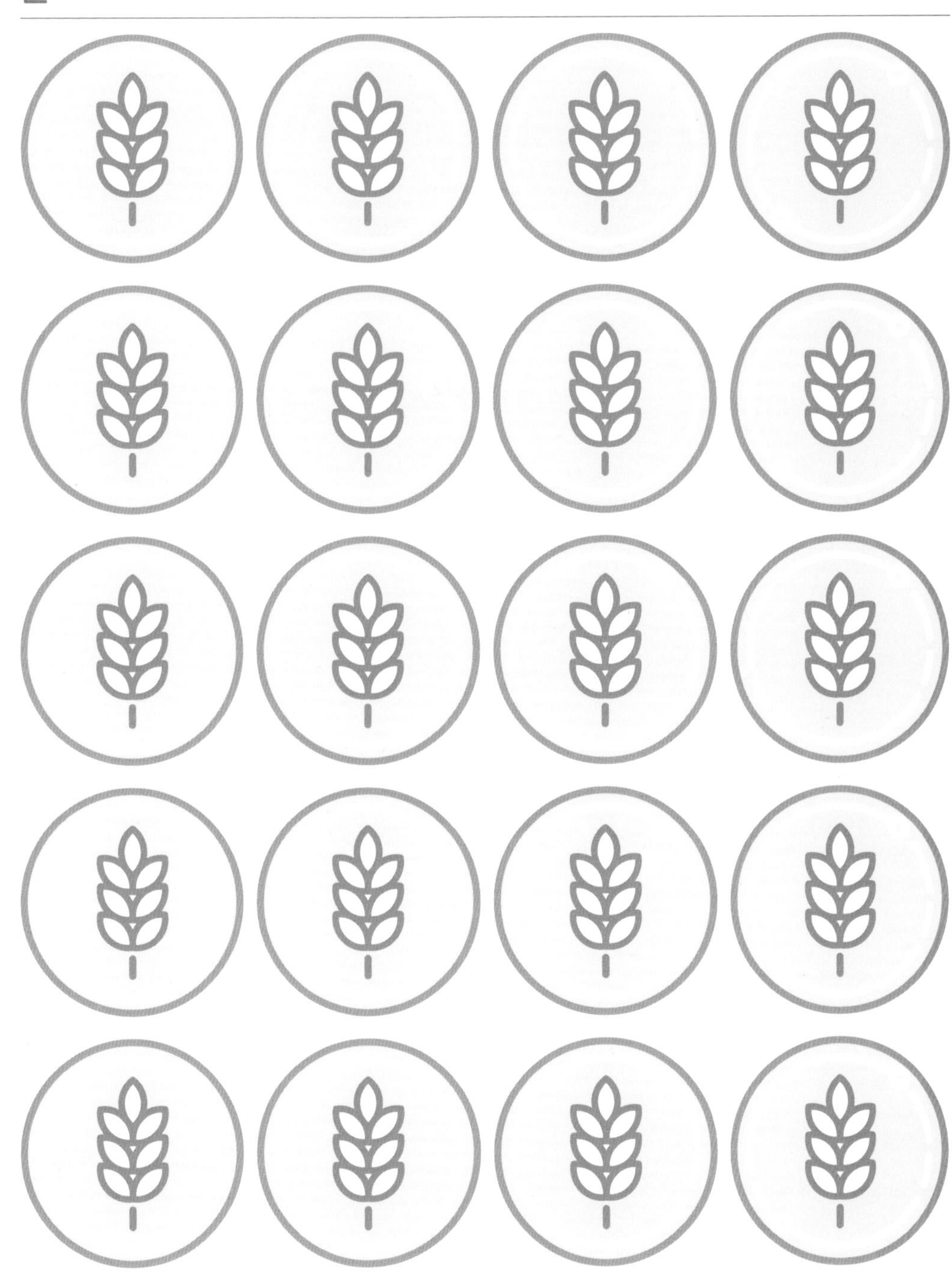

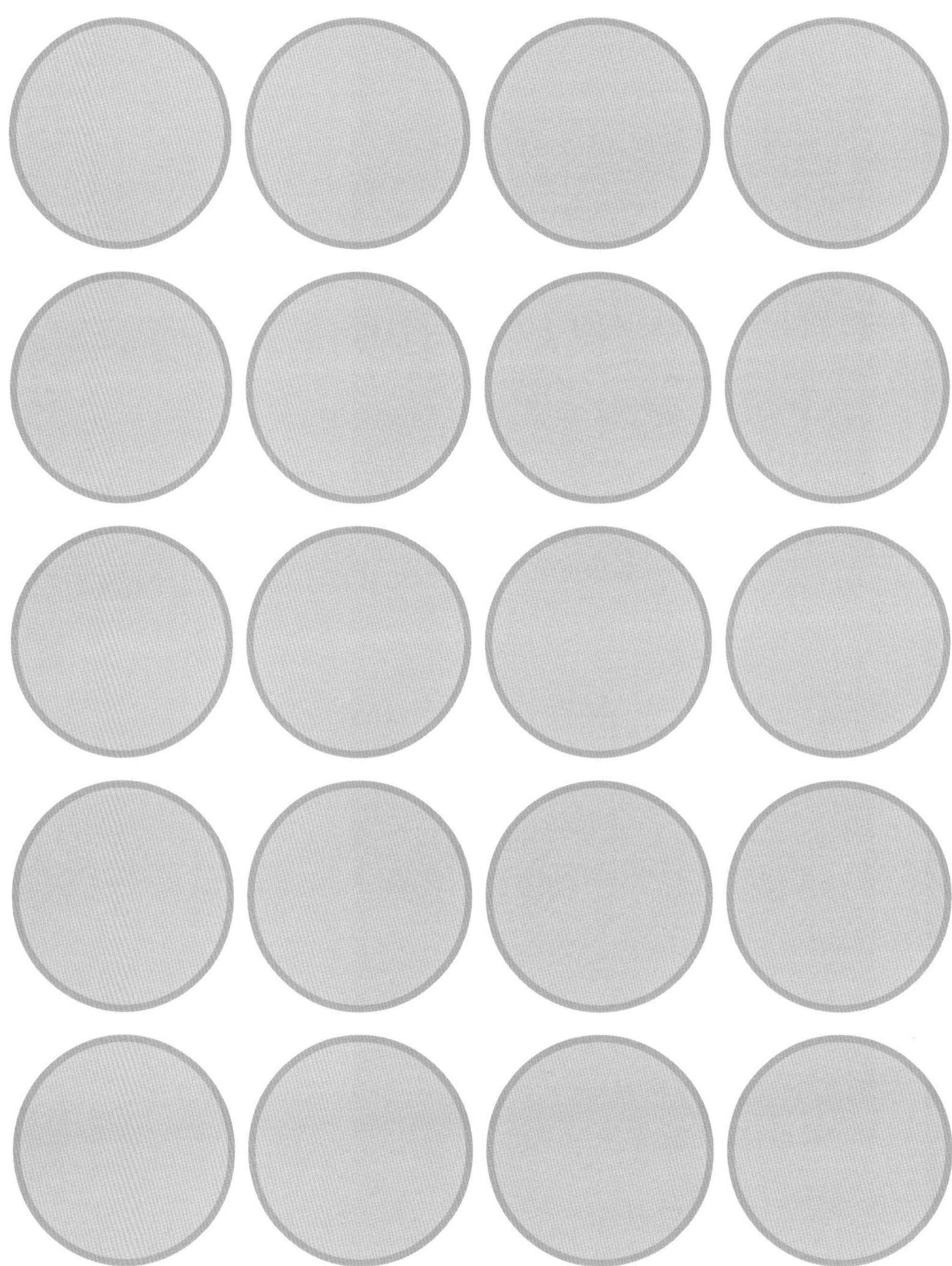

기아 해결: 38쪽 '기아 해결' 주사위 놀이

주사위

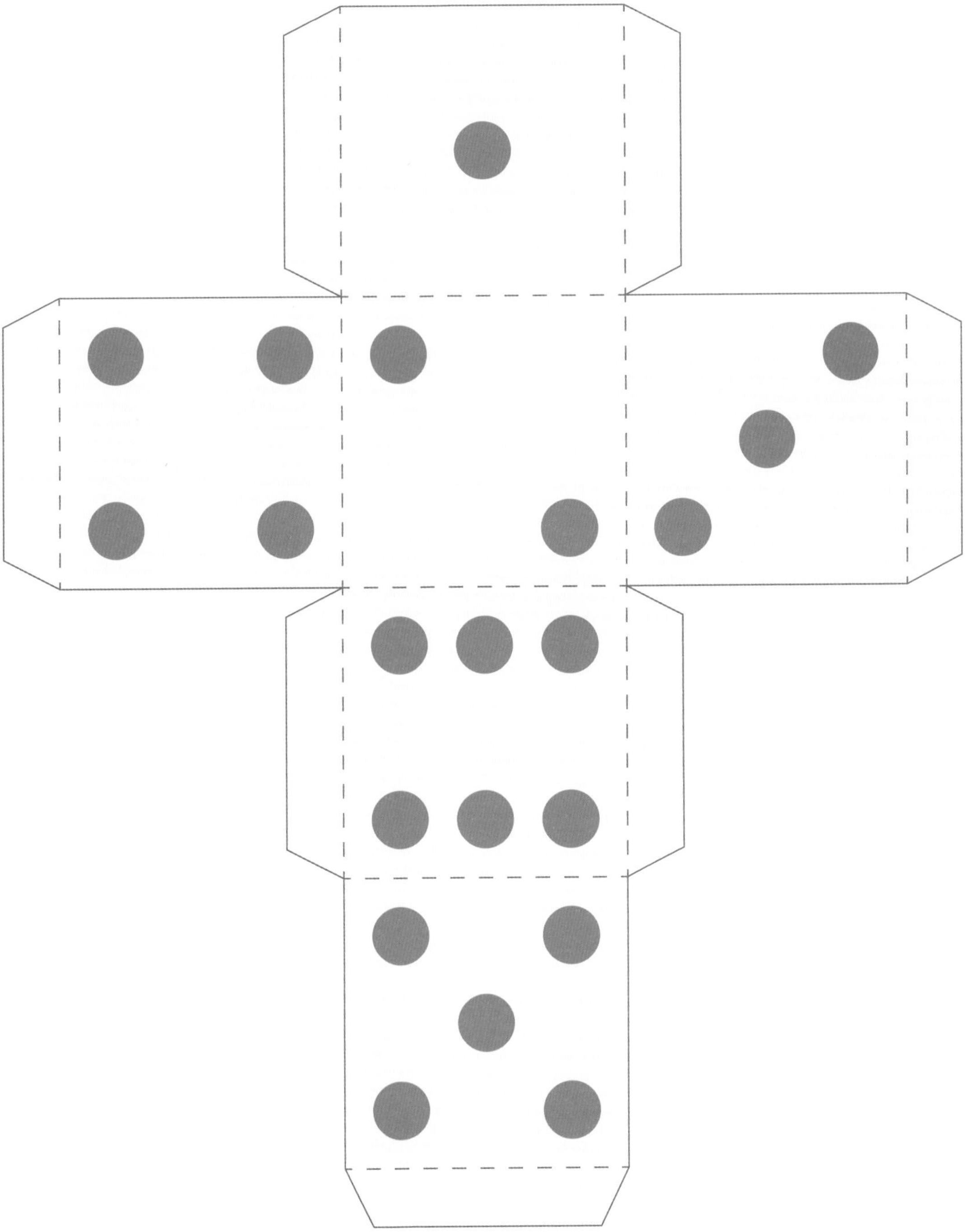

건강과 복지: 45쪽 '백신을 구하라!' 게임

백신

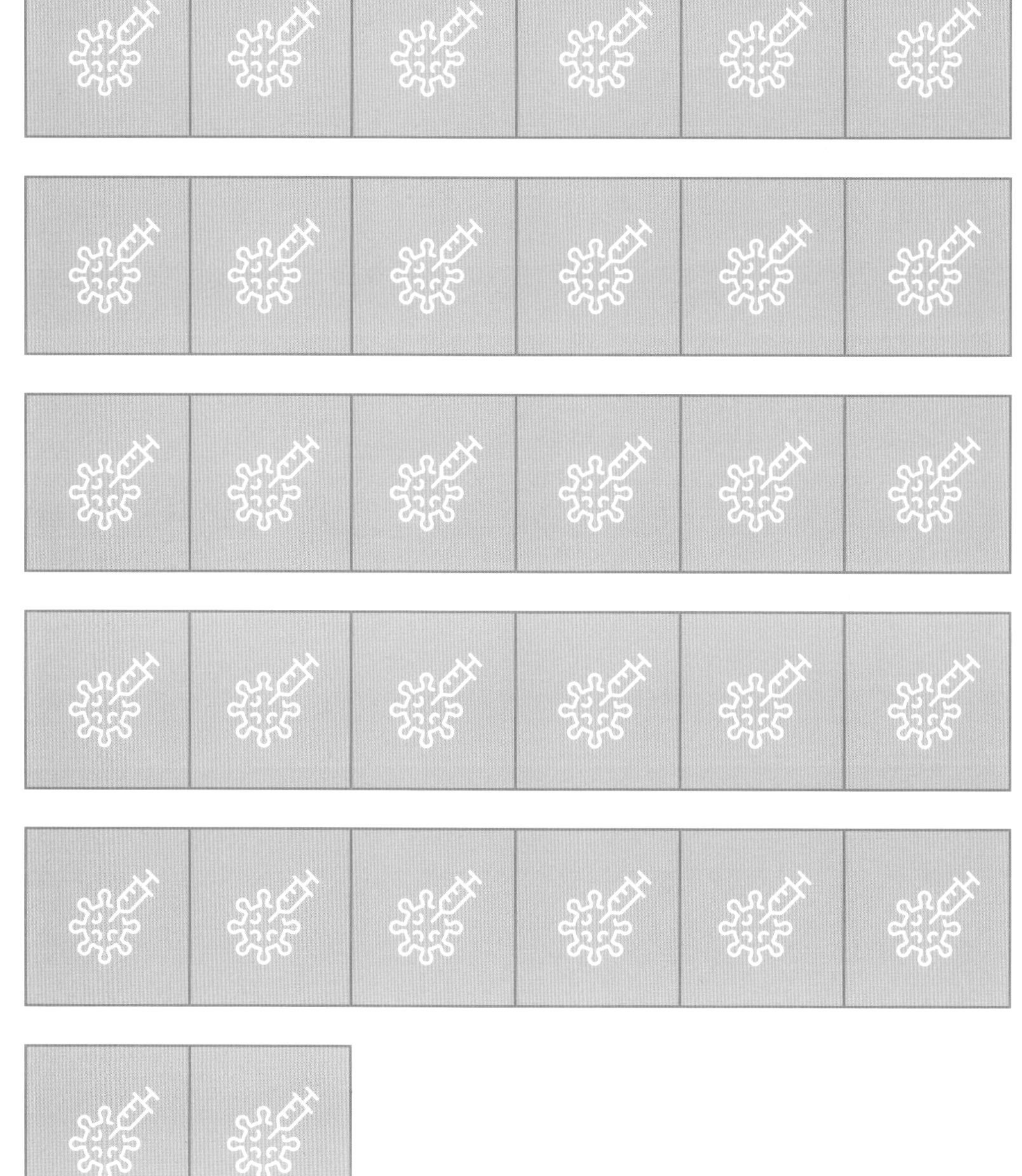

돈

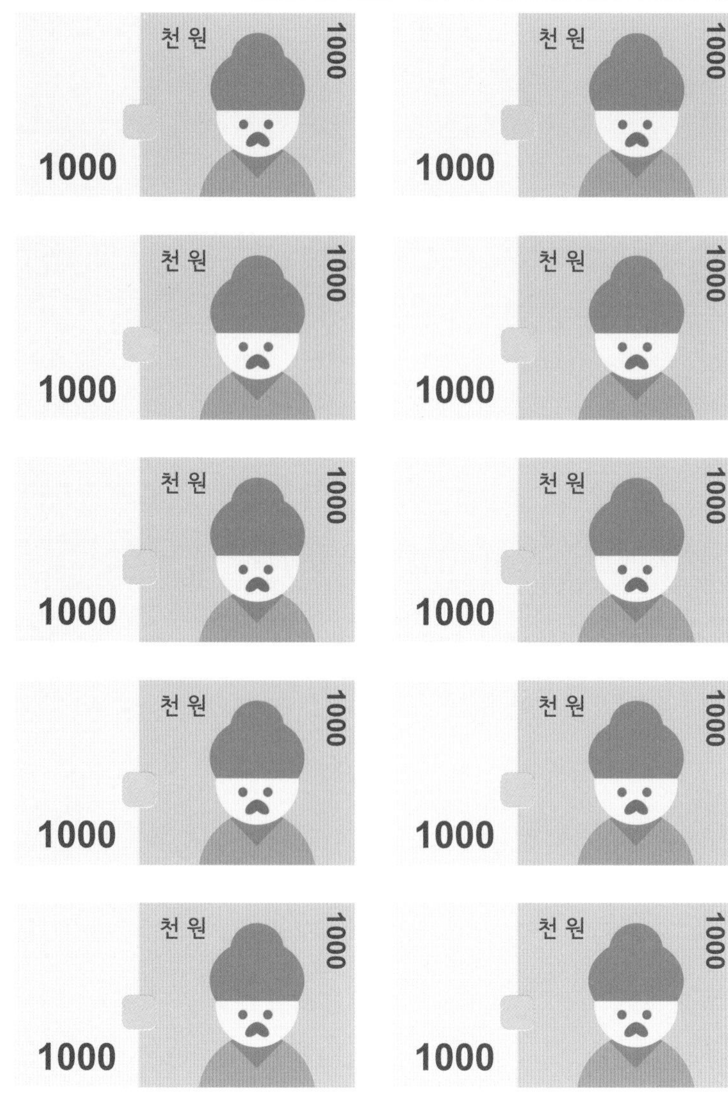

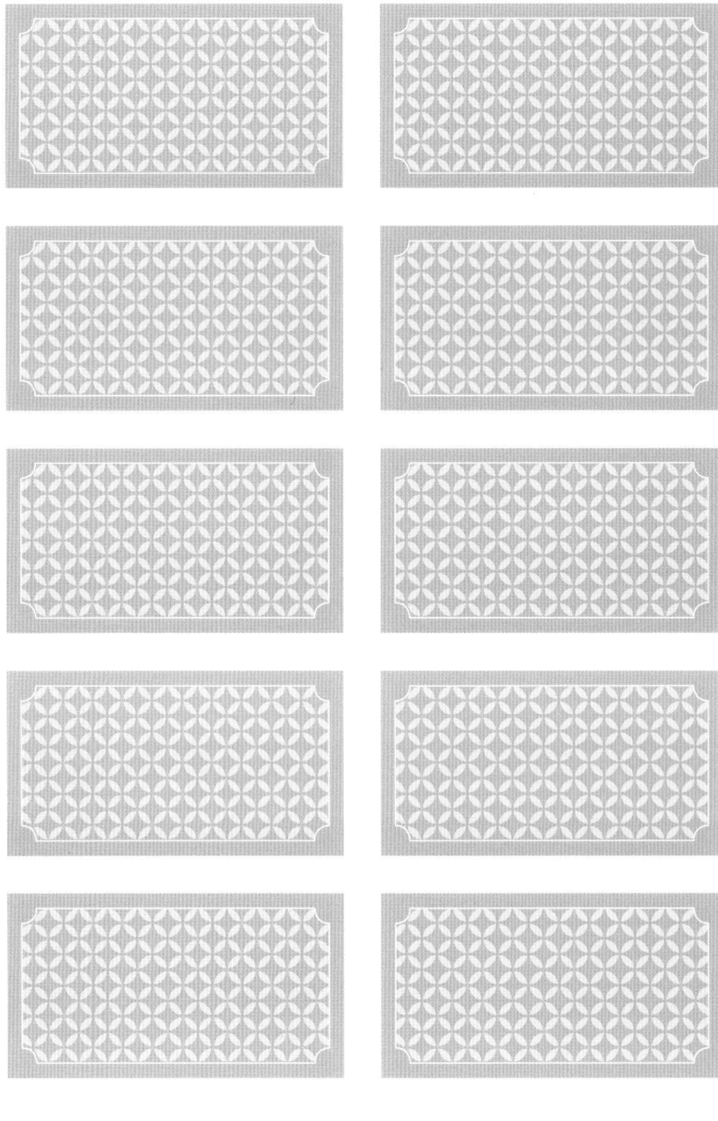

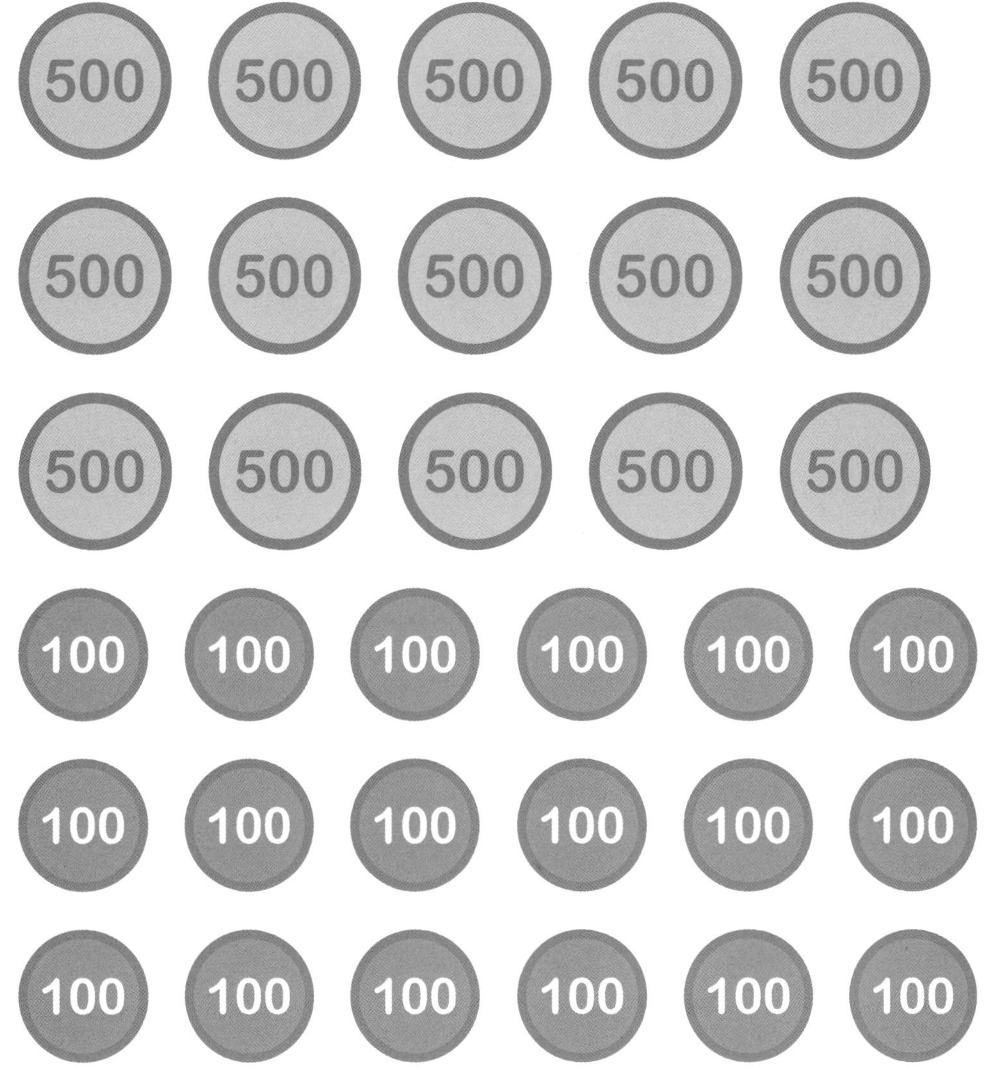
500
500
500
500
500
500
500
500
500
500
500
500
500
500
500
100
100
100
100
100
100
100
100
100
100
100
100
100
100
100
100
100
100

국가 카드

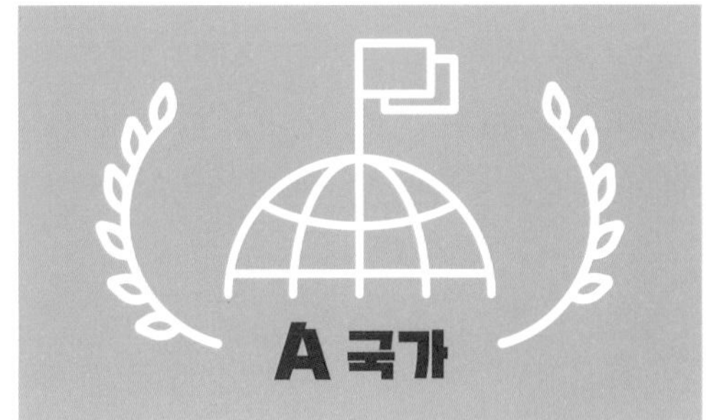

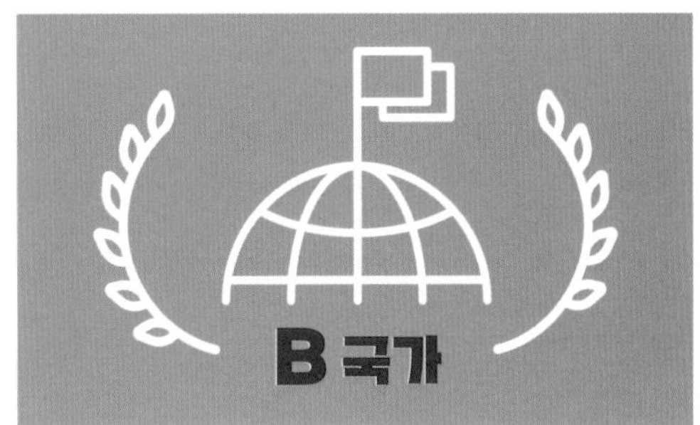

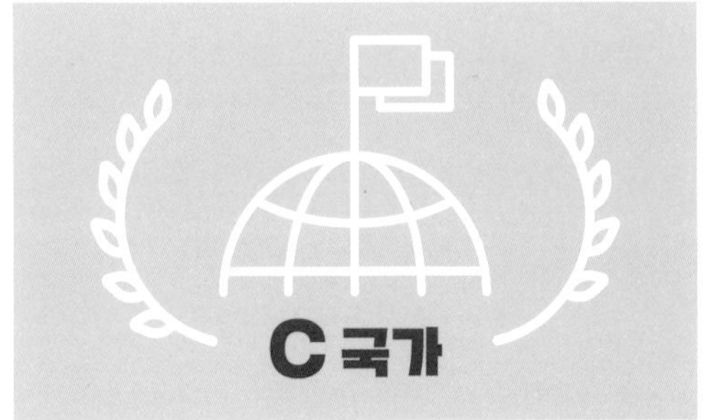

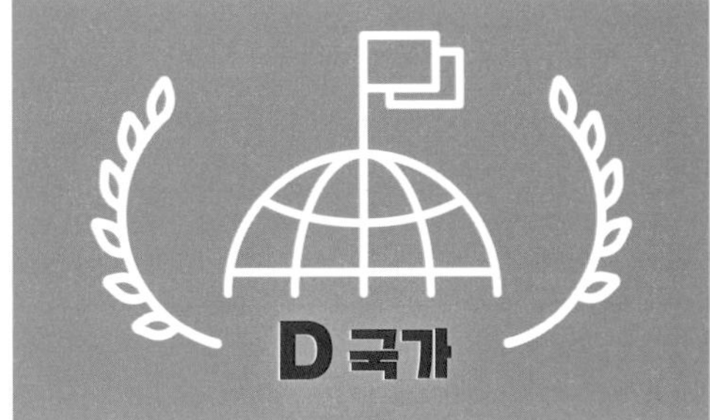

보유 금액
10,000원

보유 금액
5,000원

보유 금액
2,000원

보유 금액
1,500원

보유 금액
500원

역할 카드

불평등 감소: 134쪽 '윤택한 삶을 찾아서!' 게임

인물 카드

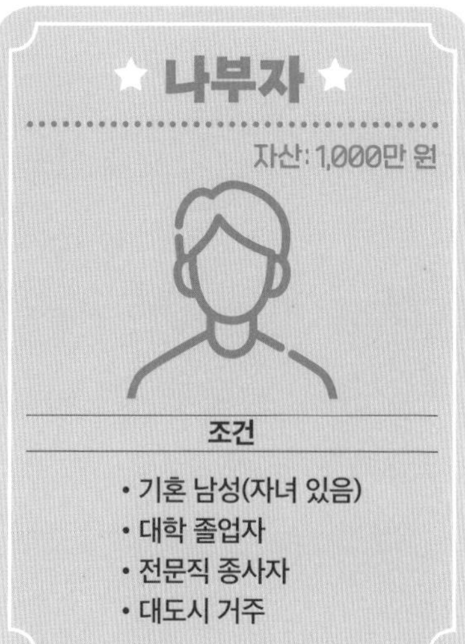

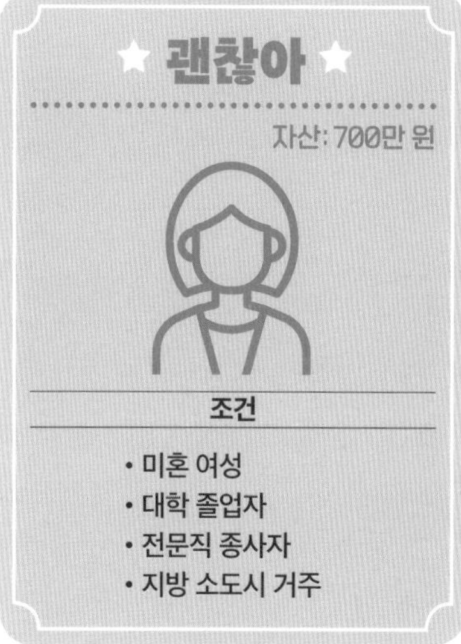

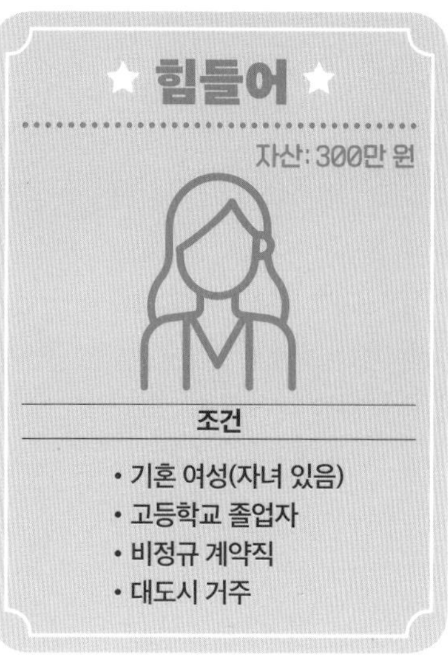

항목별 지출

항목별 최소 지출: 50만 원

	생존		편리		건강		행복		자산	
항목별 지출	집	원	교통	원	의료	원	교육	원	부동산	원
	음식	원	통신							
	의복	원			보험	원	여가	원	주식	원
총합		원		원		원		원		원

이 숫자가 항목별(생존, 편리, 건강, 행복, 자산) '윤택한 삶' 시작 지수가 됩니다!

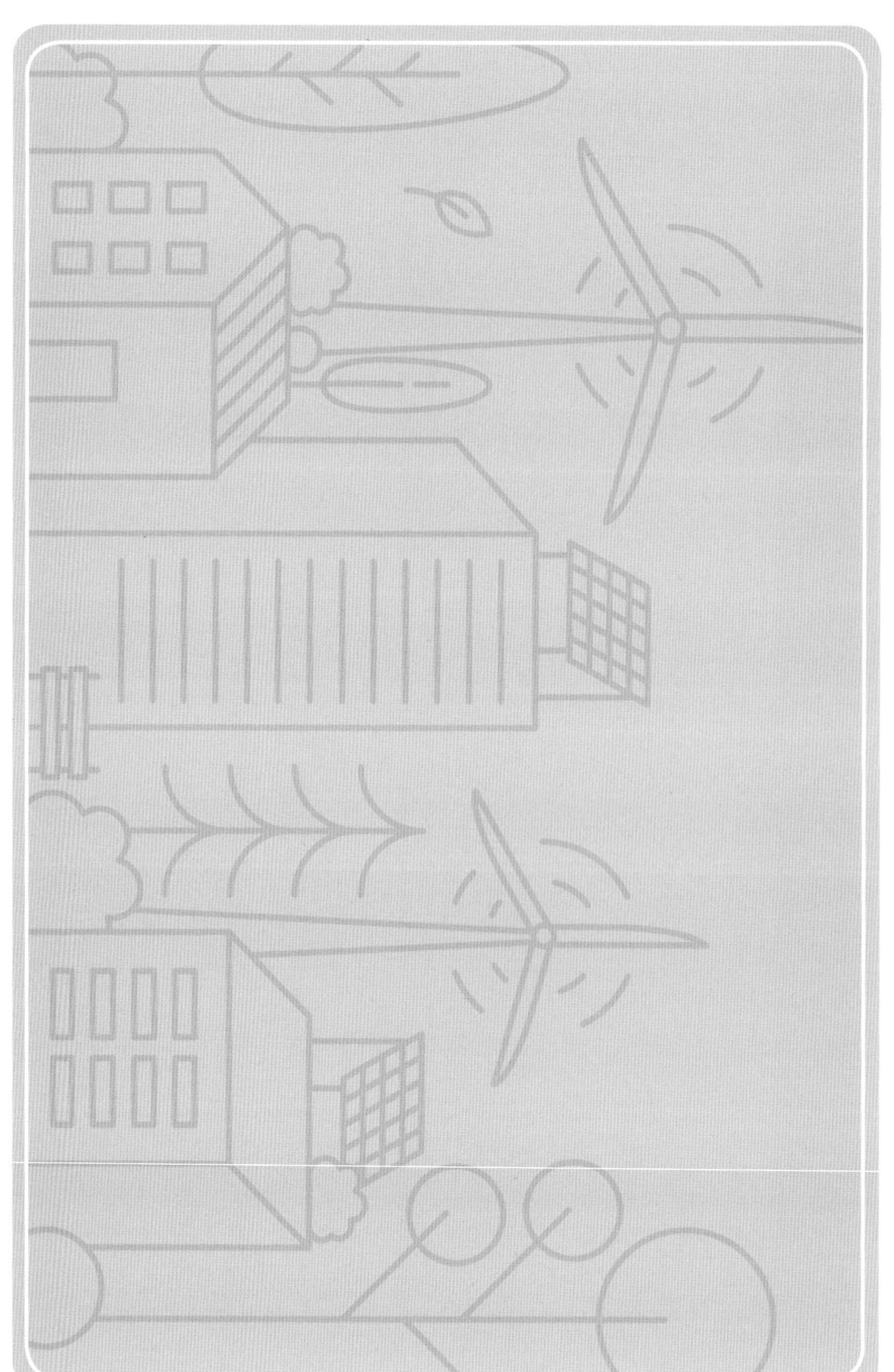

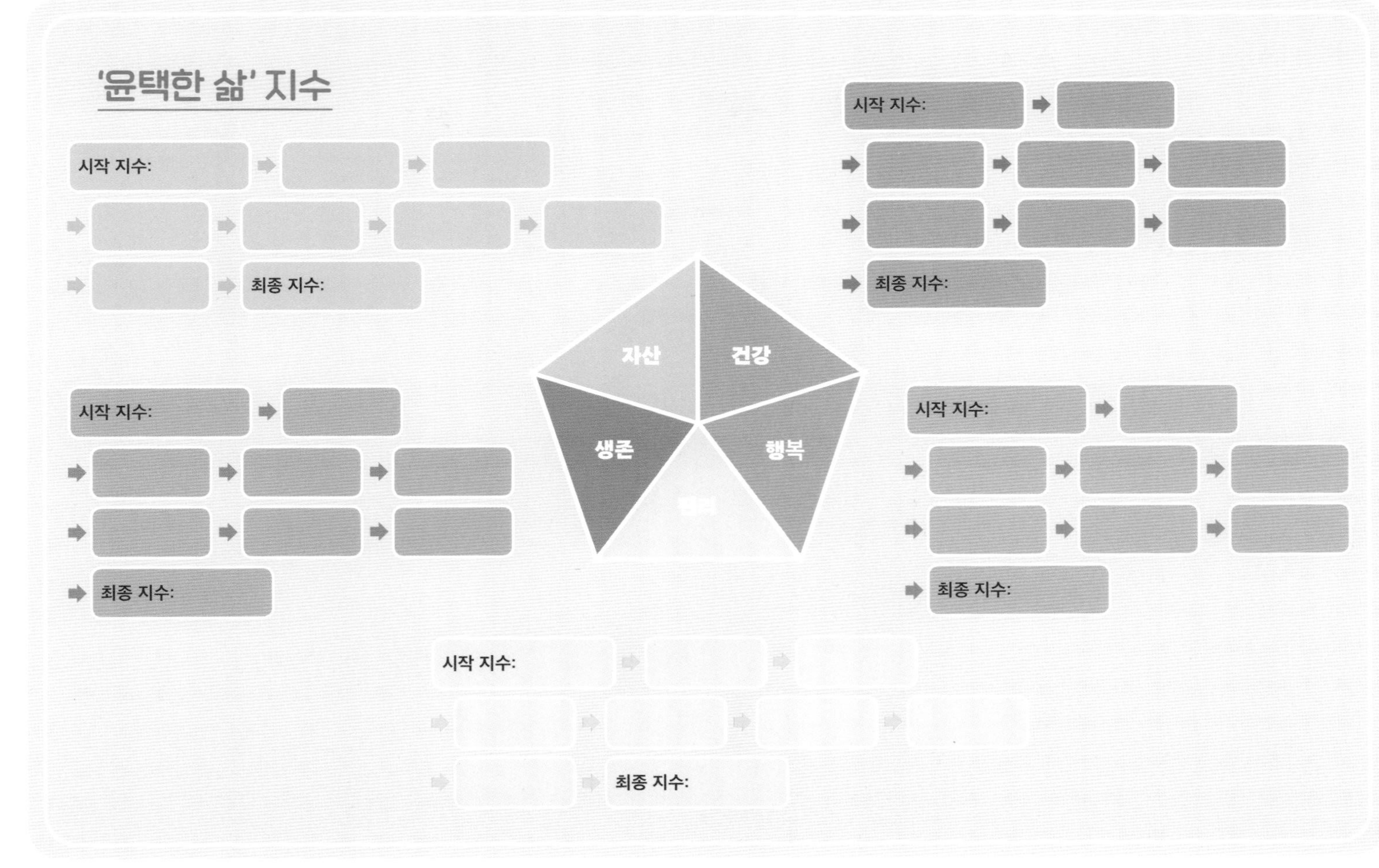

'윤택한 삶' 지수
시작 지수:
최종 지수:
시작 지수:
최종 지수:
자산
건강
생존
행복
시작 지수:
최종 지수:
시작 지수:
최종 지수:
시작 지수:
최종 지수:

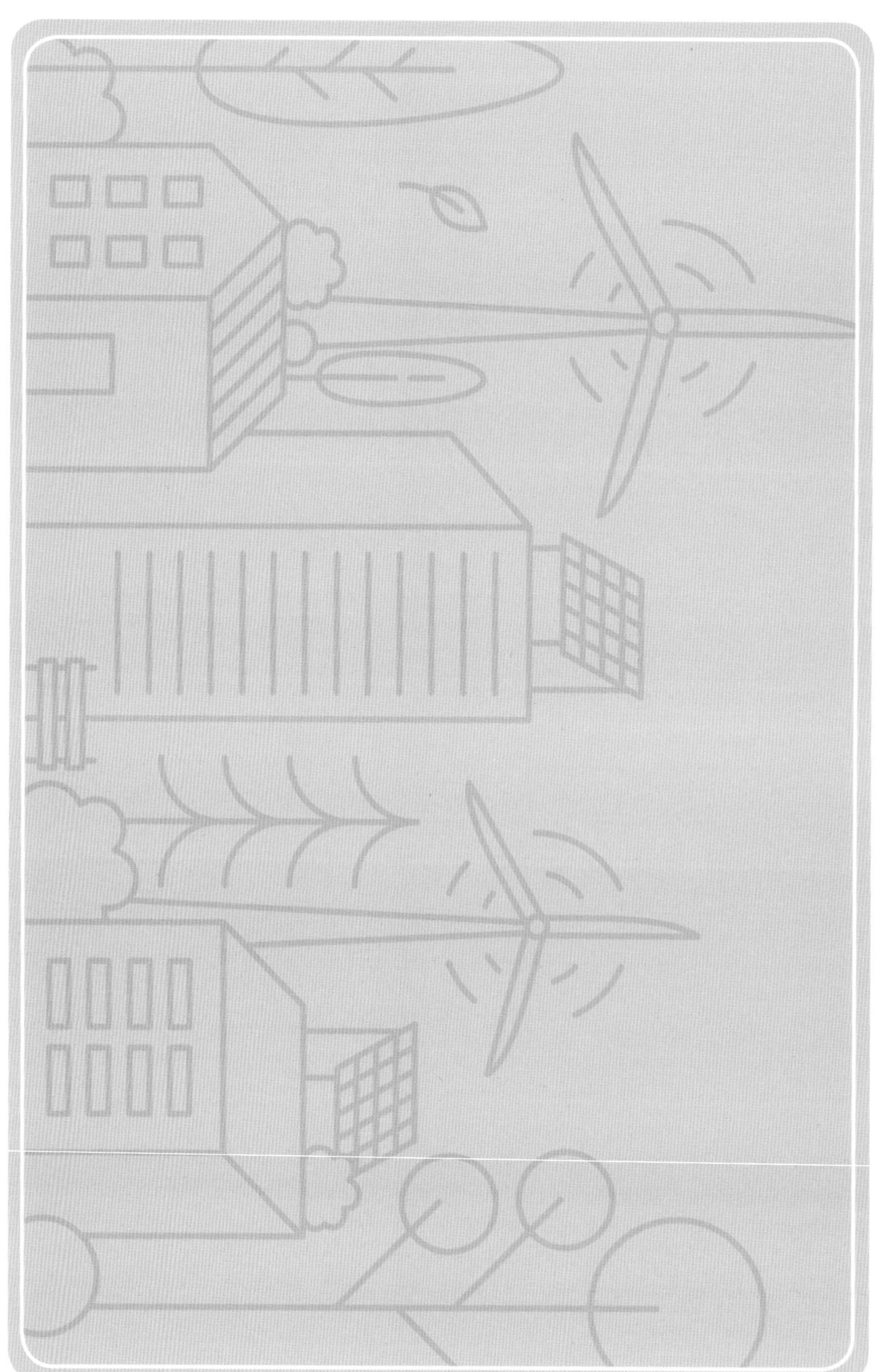

상황 카드

출근길, 속도 위반 차량에 교통사고를 당했어요

건강 지수

- 50점 이상: -50
- 0점 이상~50점 미만: -200
- 0점 미만: -400

올해는 명절 연휴가 길어 여행을 떠나기 좋습니다

행복 지수

- 100점 이상: +200
- 0점 이상~100점 미만: +50
- 0점 미만: -50

편리 지수

- 50점 이상: +100
- 50점 미만: 0

갑자기 추워진 날씨로 이동이 어렵고 겨울 옷이 필요해요

생존 지수

- 50점 이상: -50
- 50점 미만: -100

편리 지수

- 50점 이상: -10
- 0점 이상~50점 미만: -50
- 0점 미만: -100

경기 침체로 고용 시장이 불안정합니다

※ 인물 조건에 따라 생존 지수 반영

- 전문직 종사자: -10
- 정규직 종사자: -50
- 비정규 계약직: -200

사교육 열풍으로
교육비 지출이 증가합니다

※ 인물 조건에 따라 행복 지수 반영

- 자녀 ○: -200
- 자녀 ×: 0(변동 없음)

엄청난 태풍으로 나라 전체가
마비된 위급 상황입니다

생존 지수

- 300점 이상: 0(변동 없음)
- 50점 이상~300점 미만: 050
- 50점 미만: -500

새로운 전염병이 전파되어
모든 삶이 멈췄습니다

생존 지수

- 300점 이상: -50
- 50점 이상~300점 미만: -100
- 50점 미만: -200

건강 지수

- 100점 이상: -50
- 0점 이상~50점 미만: -200
- 0점 미만: -400

여성을 대상으로 한 범죄가
날로 늘고 있습니다

※ 인물 조건에 따라 건강 지수 반영

- 여성: -200
- 남성: 0(변동 없음)

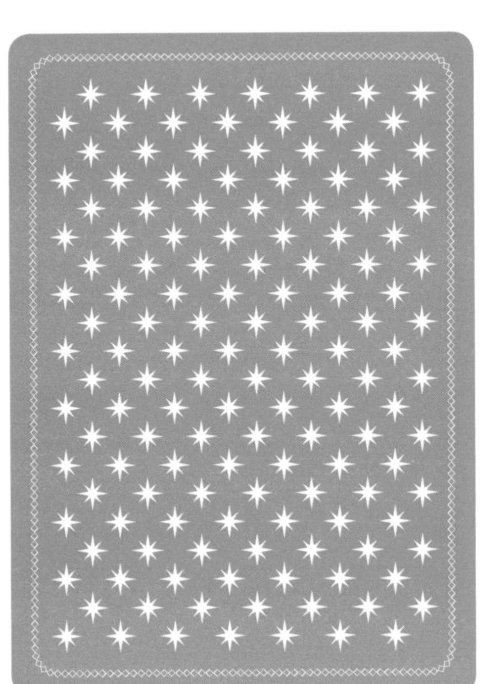

세계적 경기 호황에 따라 투자 조건이 좋아졌습니다

자산 지수

- 300점 이상: +500
- 50점 이상 300점 미만: +100
- 50점 미만: +10

첨단 기술 산업이 새롭게 부상하며 고소득 일자리가 늘고 있습니다

※ 인물 조건에 따라 생존 지수 반영

- 전문직 종사자: +200
- 정규직: +100
- 비정규 계약직: -100

곡물 가격 폭등으로 식비가 크게 상승합니다

생존 지수

- 300점 이상: -50
- 50점 이상 300점 미만: -100
- 50점 미만: -200

자산 지수

- 100점 이상: 0(변동 없음)
- 0점 이상 100점 미만: -50
- 0점 미만: -200

다양한 문화생활을 즐겨요

행복 지수

- 50점 이상: +50
- 50점 미만: 0(변동 없음)

보너스

※ 인물 조건에 따라 행복 지수 반영

- 대도시: +100
- 지방 소도시: +50